ケース別Q & A

学校のための著作権マニュアル

監修者
弁護士　日弁連・知的財産センター委員
藤田 晶子

編著者
柏市教育委員会教育研究専門アドバイザー
西田 光昭

教育出版

はじめに

　教育の場面で著作物を利用する際には、日常生活では気にすることが少ないかもしれない著作権法を遵守することが必要になります。2006年に出版された、初版『必携！ 教師のための学校著作権マニュアル』は、教育現場で著作物を利用する先生方に向けたもので、著作権法の適正な理解とその適用についての指南書として活用されてきました。

　著作権法は1970年に制定され、その後改正が繰り返されています。初版が出版された2006年時にも、コピー機が普及し、従来よりも簡単に複製ができるようになってきたことや、デジタル化されたデータが劣化することなく複製できるようになっていることなど、著作権をめぐる状況は大きく変化しており、著作権者の権利が脅かされることが心配されていました。

　それから18年が過ぎる中で、ICTが日常生活に組み込まれ、学校教育ではGIGAスクール構想により、一人一台端末とクラウドの利用が前提になり、学校教育の中でも著作物が利用される場面が増えました。そういった時代の変化を背景に、学校の中でもオンラインでの著作物の利用が欠かせなくなり、学校教育の場面の特例として、著作権者の権利を制限している第35条が改正されたことは大きな変化です。

　第35条の改正に伴い、学校教育においても、著作物を利用する場合に、著作権者の権利を侵してしまうことがないかと判断が必要になる場面も増えてきています。特に、「改正著作権法第35条運用指針」の中には、必要と認められる限度について「『授業のために必要かどうか』は第一義的には授業担当者が判断するものであり、万一、紛争が生じた場合には授業担当者がその説明責任を負うことになります（児童生徒、学生等による複製等についても、授業内で利用される限り授業の管理者が責任を負うと考えるべきです。）。その際、授業担当者の主観だけでその必要性を判断するのではなく、授業の内容や進め方等との関係においてその著作物を複製することの必要性を客観的に説明できる必要があります。」とされており、指導者、すなわち先生が授業において著作物を利用する際に、妥当であることを説得できるようにしておくことが求められています。

　学校の現場では、ともすると無料で使うことができるか、できないかという結果だけを求めてしまいがちです。そこで、本書では、まず著作権法の基

礎となる考え方を学ぶことから始めています。著作権とは、作品の創作者がその作品に対して持つ独占的な権利であることや、この権利には、作品の複製、公開、演示、配布などが含まれ、作品そのものを保護し、著作権等に関わる創作者の利益を守るものであることを認識する必要があります。一定期間が経過すると作品はパブリックドメインとなり、誰でも自由に利用できるようになることや、著作隣接権については別に考えていく必要があることなど、本書では、学校でよくありそうな場面を想定して、具体的な場面にそって、法についての考え方とその具体的な解説をしています。

　教育目的での著作物の利用に関しては、著作権法第35条において特例が設けられており、教育機関が教育活動の範囲内で、無許諾で著作物を利用することを許容しています。しかし、この特例には条件があり、利用の範囲や方法には限界が存在することも適切に理解し、活用していくことが求められています。さらに、改正著作権法第35条での授業目的公衆送信補償金制度と、それを取り扱う SARTRAS についても知っておく必要があります。そうすることで、教育現場で著作物を利用する際に、著作権を尊重し、創作者の権利を侵害しないようにすることができるようになります。

　著作権に関する疑問や問題は、教育現場で頻繁に発生します。音楽の利用形態が CD の買い取りからオンラインでのサブスクリプション利用へと変わる中で著作権はどうなるのか、教材として配布する資料の著作権はどう扱うべきか、生徒の作品展示に関する著作権はどう考えればよいのか、など、実際に教育現場で起こり得る様々なシチュエーションについて、本書は Q&A 形式で解説します。その中には、引用、私的使用、無報酬での上演等、第35条での例外規定以外の著作権者の権利制限規定も含まれています。

　著作権は複雑な分野であり、特に教育現場ではその適切な理解と適用が重要です。本書は、教育関係者が著作権法を正しく理解し、実践するための基礎知識とガイドラインを提供します。教育の質を高め、同時に創作者の権利を尊重するために、著作権法の適切な理解と適用が不可欠です。

　改訂に際しては、初版の執筆者の許諾を得たうえで、現在学校教育現場にいる者を中心に、今の学校に想定される場面を踏まえています。改訂の機会をいただいた、教育出版の方々にも感謝し、本書がより多くの学校で活用されることを願っています。

2024 年 6 月　　　　　　　　　　　　　　　　　　　　西田　光昭

も　く　じ

著作物を利用したい時の考え方 ……………………………………………………… viii

▏▏▏▏▏▏▏▏▏▏▏▏▏▏▏▏▏▏▏▏▏▏▏ 第1章　概論 ▏▏▏▏▏▏▏▏▏▏▏▏▏▏▏▏▏▏▏▏▏▏▏

1．基本的な著作権の考え方 ……………………………………………………… 2

2．教育における著作権 …………………………………………………………… 8

3．学校教育の特例 ………………………………………………………………… 12

4．学校教育外の特例 ……………………………………………………………… 16

5．平成 30 年の著作権をめぐる変化 …………………………………………… 20

6．令和 2 年の著作権をめぐる変化 ……………………………………………… 22

7．令和 3 年の著作権をめぐる変化 ……………………………………………… 25

8．令和 5 年の著作権をめぐる変化 ……………………………………………… 28

9．学校と著作権をめぐる変化 GIGA スクール構想 ………………………… 31

10．指導内容としての著作権 ……………………………………………………… 33

11．著作物の利用者として ………………………………………………………… 36

12．著作権者として発信する ……………………………………………………… 40

13．教師が知っておくべき著作権関連事項の実際 …………………………… 42

▏▏▏▏▏▏▏▏▏▏▏▏▏▏▏▏▏▏▏▏▏▏▏ 第2章　著作物利用の実際 ▏▏▏▏▏▏▏▏▏▏▏▏▏▏▏▏

【授業の場面で】

CASE1-1　学校（授業）で市販の参考書をコピーして利用したい …………………… 48

CASE1-2　授業で CM やポスターを利用したい ……………………………………… 51

CASE1-3　WEB 上の画像・動画を利用したい ……………………………………… 54

CASE1-4　市販のパズルや玩具を使って授業をしたい ……………………… 57

CASE1-5　授業でテレビ番組などの動画コンテンツを利用したい ………… 62

CASE1-6　フリー素材を利用したい ……………………………………………… 65

CASE1-7　授業で音源を利用したい ……………………………………………… 68

　コラム1　音源の「買取」と「サブスク」 ……………………………………… 71

　コラム2　音源の所有権 ………………………………………………………… 73

CASE1-8　授業で「Google Maps」や海外の WEB 上のコンテンツを利用したい …75

CASE1-9　学校外との遠隔授業で利用できる資料は？ …………………………… 78

CASE1-10　家庭等にいる児童生徒がオンライン授業で参加したい …………… 81

　コラム3　オンライン授業の「リアルタイム」と「オンデマンド」 …………… 84

CASE1-11　試験問題として著作物を利用したい ……………………………… 86

CASE1-12　試験問題や二次利用の申し出があった ………………………… 89

CASE1-13　自作教材の中で、特定のキャラクターを利用したい ……………… 92

CASE1-14　コンクールのために書写でお手本を模写したい …………………… 95

CASE1-15　コンクールのために児童作品に手を入れたい …………………… 98

　コラム4　学びの足跡として著作物を残すこと ……………………………… 101

　コラム5　利用者としての児童生徒への「引用」の指導 ……………… 103

【特別活動で】

CASE2-1　修学旅行で「校外学習のしおり」を作りたい……………………… 105

CASE2-2　校外での学習活動で著作物を利用したい ……………………… 108

CASE2-3　運動会で市販の音源を使いたい………………………………… 111

CASE2-4　運動会でダンスの振り付けを使いたい ………………………… 114

CASE2-5　文化祭で演劇をしたい ………………………………………… 117

CASE2-6　文化祭の演劇で脚本を編集したい ……………………………… 120

CASE2-7　文化祭のステージを動画に残したい ……………………………… 123

CASE2-8 　楽譜をコピーしたり、改変したりしたい ················· 126

CASE2-9 　学校図書館で著作物を利用したい① ····················· 129

CASE2-10 学校図書館で著作物を利用したい② ―図書の紹介― ········· 132

CASE2-11 学校以外が主催する地域行事に参加する時に、
　　　　　 学習成果物に含まれる著作物を利用したい ··············· 135

CASE2-12 学習者が自主的に市販の書籍等を使う場合は？ ············· 138

CASE2-13 学校以外が主催する行事の中でも授業と同じように
　　　　　 著作物を利用したい ································· 142

CASE2-14 著名人を招いて、講演や演奏をしてもらいたい ············· 145

【校務で】

CASE3-1 　職員会議で新聞のコピーを配りたい ····················· 148

CASE3-2 　政府が公開している文書を集めて共有したい ··············· 152

CASE3-3 　校内で使われているソフトウェアを
　　　　　 自分に割り当てられたパソコンで使いたい ··············· 155

　コラム6　利用規定確認ポイント ······························· 158

CASE3-4 　作者が特定できないマクロで作成された
　　　　　 excel のシートを使い続けたい ························· 160

CASE3-5 　校務での前任者の文書を再利用したい ··················· 163

CASE3-6 　学校に昔からあり誰のものかわからない
　　　　　 文章や写真を使いたい ································ 166

　コラム7　著作権の保護期間とパブリックドメイン ················· 169

CASE3-7 　入学式・卒業式で著作物を使いたい ····················· 171

CASE3-8 　学校の WEB ページに校歌を載せたい ··················· 174

CASE3-9 　学校の WEB ページに写真を載せたい ··················· 177

CASE3-10 PTA 新聞に著作物を使いたい ·························· 180

コラム8 肖像権について ………………………………………………………… 183

【研修・学校外で】

CASE4-1 研究授業で他校の様子を撮影したい ………………………………… 185

CASE4-2 講演会で講演の様子を録画したい ……………………………………… 188

CASE4-3 研究論文で他者の論文を利用したい ………………………………… 191

CASE4-4 コンクール等の実施主体による

著作物の取り扱いと学校の対応 ……………………………………… 194

CASE4-5 個人名の研究発表での著作権者は誰か ……………………………… 197

CASE4-6 職務で作成したものは誰の著作物か ………………………………… 200

CASE4-7 家庭学習で新聞記事の切り抜きをさせたい ……………………… 203

CASE4-8 ボランティアで「読み聞かせ」をする場合は？ ……………… 206

CASE4-9 児童生徒に学校行事の映像をコピーして渡したい ……………… 209

CASE4-10 パンフレットや説明資料などの写真をメモに撮るのは？ ………… 212

資料編

改正著作権法第35条運用指針（令和3（2021）年度版）………………………… 215

監修者・編著者・執筆者一覧 ……………………………………………………… 236

著作物を利用したい時の考え方

公表されていますか？ → いいえ

↓ はい

学校での利用ですか？ → いいえ

↓ はい

学校の外でも学校教育の一環として取り組まれる
非営利の教育活動は「学校その他の教育機関」の
対象です。

授業での利用ですか？ → いいえ

↓ はい

教科学習だけでなく、特別活動・部活動なども
「授業」の対象です。

**教材などをコピー、送受信するのは
授業を担当する教員と児童生徒ですか？** → いいえ

↓ はい

スクールサポーターなど教員の指示で補助をする
者も含まれます。

授業に必要な限度を超えていませんか？ → いいえ

↓ はい

量・期間など、授業に必要であることを客観的・
合理的に説明できるようにします。

**著作物の作成・販売等をしている人の
利益を損ないませんか？** → いいえ

↓ はい

購入が前提の物は購入しており、必要な部分のみ
の使用です。

配布等の方法は適切ですか？

紙のコピー配布
USB メモリ等の媒体での配布
校内に置かれ限定したサーバでの送受信

遠隔合同オンライン授業等、教師と児童生徒が対面でいて、
遠隔にも送るリアルタイム中継

↓

無許諾・無償

公表されていないものは許諾が必要です。

学校を会場にしていても、民間業者への委託、アフタースクールなどの営利活動は無許諾での使用の対象になりません。

学校だより、ホームページなどは無許諾での使用の対象になりません。

※職員会議、PTA等の活動、研修以外の教育委員会利用については検討中

授業を参観していない保護者など、不特定多数の一般は無許諾での使用の対象になりません。

※直接教材作成をしていない校内、自治体内教員等での共同利用については検討中

授業を参観していない保護者など、不特定多数の一般は無許諾での使用の対象になりません。

正当な利用料金を支払わなければなりません。

著作権者にそれぞれ事前に許諾を得る。必要に応じて対価を支払う

無許諾・無償の場合と無許諾・有償の場合があります。

リアルタイムのスタジオ型送信（児童生徒がいない）
クラウドや学習支援システムを使ったオンデマンド型配信

無許諾・有償
SARTRAS への支払いが必要

「著作物を利用したい時の考え方」の使い方

　前ページには、著作物を利用したい時の改正著作権法第 35 条にそった考え方を示しています。著作物を利用したい時に、「どのような著作物をどのように利用するのか」という確認のポイントと、その判断基準の概要の流れはこのようになります。

　　　① 　左 1 列め、大きな流れです。上から下へと進みます。

② 　2 列目が、判断する時の補足です。1 列目を見て迷う時に参考にしてください。

　　　③ 　右は「いいえ」の場合、どのようにすればいいかが書かれています。

　利用しようとしている作品が、前のページのチャートにあてはまる「著作物」であるのかを含めて、まずは以下の観点でチェックしてみましょう。

☐ **それは著作物ですか？**

　　……「著作物」とは、「思想又は感情を創作的に表現したものであって、文芸、学術、美術又は音楽の範囲に属するもの」（著作権法第 2 条第 1 項第 1 号）です。それ以外はあてはまりませんので、許諾申請等も不要です。（本誌 2 ページなど参照）

☐ **それが「著作物」であった場合、著作権の保護期間が過ぎてはいませんか？**

　　……著作権の保護期間は、著作者が著作物を「創作したとき」から始まり、著作者が「生きている期間」＋「死後 70 年間」です（著作権法第 51 条）。死後 70 年を経過している著作物は、保護されないので許諾申請等をせずに利用できます。（本誌 169 ページなど参照）

☐ **「引用」や「写り込み」に該当しませんか？**

　　……著作権には、「権利制限」の規定があり、「引用」や「写り込み」などに該当する場合は、許諾申請等をしないで無償で利用することができます。（本誌 8 ページなど参照）

　これらに該当する場合は、前掲のチャートにあてはめる必要はなく、問題なく利用することができます。

第 1 章

概　論

1. 基本的な著作権の考え方

◇身近な著作権

　著作権という言葉を耳にする機会はどのくらいあるでしょう。あまり多くはないのではないでしょうか。しかし、日常的に私たちは著作物に触れています。あまり意識しないことも多いかと思いますが、法律にも定められていることなのです。意識はせずとも、日々の生活の中にあるもの、それが著作権なのです。

　著作権は、自分の気持ちや考えを表したものが大切に守られるという権利で、法で定められています。専門的に職業としているかどうかは関係なく、全ての人の気持ちや考えを表現したものが守られます。自分のものが守られるのと同様に、他の人のものも守られているので、勝手に人のものを使ってしまうこともよくないのです。

　この気持ちや考えを表したものは、著作物と呼ばれます。著作物には**表1**のようなものがあり、国によって異なる場合もあります。

表1　著作物

言語の著作物	論文、小説、脚本、詩歌、俳句、講演など
音楽の著作物	楽曲及び楽曲を伴う歌詞
舞踊、無言劇の著作物	日本舞踊、バレエ、ダンスなどの舞踊やパントマイムの振り付け
美術の著作物	絵画、版画、彫刻、漫画、書、舞台装置など（美術工芸品も含む）
建築の著作物	芸術的な建造物（設計図は図形の著作物）
地図、図形の著作物	地図と学術的な図面、図表、模型など
映画の著作物	劇場用映画、テレビドラマ、ネット配信動画、アニメ、ビデオソフト、ゲームソフト、コマーシャルフィルムなど
写真の著作物	写真、グラビアなど
プログラムの著作物	コンピュータ・プログラム

（著作権法第10条第1項）

　こうしてみると、学校の教育活動の中で扱う著作物が多くあることがわか

ると思います。小説や詩などそのまま教材になっているものもありますし、音楽の時間には曲を、図工や美術の時間には絵画を扱わないことはないでしょう。教育活動では、著作物の利用は避けることのできないものなのです。

　さらに、各教科等でつかう教科書には、写真や図表が入っていたり、文章そのものが使われていたり、説明のための動画や音声資料が提供されたりしており、これらの著作物が使われています。教科書のように、これらの著作物を素材としたり、組み合わせたりして作られた物も著作物です。音楽で、編曲して新たな感じの曲にすることや、事典などのように多くの素材を集め、選んだり、並べたりすることでも、つくった人の考え方や気持ちが表されているので、著作物として著作権で守られることになります。

◇著作物は財産

　法で定められていると書いてきましたが、それはどのような法なのでしょうか。私たちの生活において基本になっている法は「日本国憲法」です。日本国憲法は、いくつかの基本的な理念がありますが、その中に「基本的人権の尊重」があり、その理念のもとに様々な人権が定められています。その人権の中に、財産権（日本国憲法第 29 条（財産権の保障））があります。著作権はこの財産権の一つなのです。

　日本国憲法第 29 条では、

　・財産権は、これを侵してはならない。

　・財産権の内容は、公共の福祉に適合するやうに、法律でこれを定める。

　・私有財産は、正当な補償の下に、これを公共のために用ひることができる。

としています。

　この財産権の中に知的財産権があり、図 1 のように権利が整理されます。

　著作権はこの中に位置づけられていて、届け出をしなくても、著作物ができた時から守られる権利です。届け出を必要としない点が、産業財産権とは大きく異なります。

　また、財産というとお金のイメージが強いですが、金銭的な価値だけではなく、著作者人格権として、「公表すること、氏名を表示すること、改変すること」を決める著作物に関わる権利が認められています。

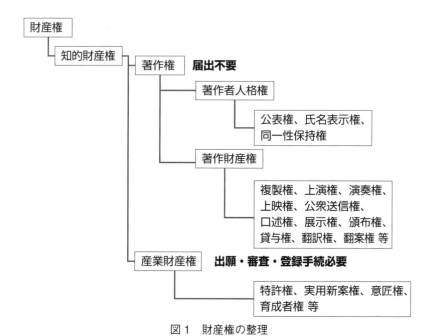

図1　財産権の整理

　著作権法の第1条に「文化的所産の公正な利用に留意しつつ、著作者等の権利の保護を図り、もつて文化の発展に寄与することを目的とする」と書かれており、これが著作権が設けられている目的です。最終的な目的は、文化の発展に寄与することであり、そのために、公正な利用はどうすべきか、著作者等の権利の保護はどうすべきかということを規定しているのが、著作権法です。

◇著作財産権を守るために

　著作権は、ここまで述べてきたように財産です。著作権の侵害は、財産が侵されることにほかなりません。財産が侵害されるということはあってはならないことであるため、著作権法では罰則規定が設けられています。

著作権法第119条

　著作権、出版権又は著作隣接権を侵害した者（略）は、10年以下の懲役若しくは1000万円以下の罰金に処し、又はこれを併科する。

とされ、他にも、著作者人格権または実演家人格権の侵害や、営利目的での複製装置を提供したり、技術的に著作権を保護する手段を回避する仕組みや、著作権を侵害しての公衆送信をした場合など、それぞれに罰則規定があります。

　「複製」という言葉には馴染みがない方もいらっしゃるかもしれませんが、「コピーをする」ということで、日常的に行われています。コピーしてはいけないものがあり、もしコピーをしたりすると、財産権を侵害することになるため、刑事罰として規定されているということです。併科するとは、両方を科するということで、罰金・懲役の両方が科されるという、重い罪になるということになります。また、刑事罰だけではなく、民事としても財産権を侵害したことに対する賠償金の請求もあります。

　学習指導の工夫改善の中で、自作教材を作成したり、問題集や説明用の動画を作成したりすることは多くあります。教職員にとってこれは本業であり、教材の作成に必要な材料や環境、またその仕事に対する対価が見合っているかなどの問題は別として、教材作成の対価は、公立学校の場合は税金、私立学校の場合は授業料等として集めるお金から賄われています。

　しかし、教材等の作成を事業としている会社では、その売り上げや利用料等の収入が財源です。著作権を考えずに学校等が著作権法に反して、コピーをして教材を利用したり、正規の料金を払わなかったりと著作権を侵害する利用をすると、教材会社はその収入がなくなり、事業として成り立たなくなってしまうことはおわかりになると思います。教材等の作成会社は少しでも良い製品をと工夫改善を重ねているプロフェッショナルです。そのプロとしての仕事を維持できるようにしていくことが、文化を発展させていくためには、欠かせないことだからです。

　こうして、財産権としての著作権は守られているのです。

◇著作者人格権とは

　著作権は、図1で示したように、著作財産権と著作者人格権の両面があります。いずれも、届け出をしなくても、著作物がつくられた時に生じている権利です。ここまでは著作財産権について触れてきました。著作者の努力や

才能の成果として生み出された著作物は著作者の賜物です。著作者人格権は、その著作者が社会的に認められ、評価を受けることができるように著作者の名誉や尊厳を守るともいえます。これは憲法が保障する「人格権」（日本国憲法第13条：幸福追求権）を母権とすると説明されており、知的財産法の中でも著作権法の大きな特徴でもあります。

著作者人格権には、「公表権、氏名表示権、同一性保持権」があります。

- **公表権**：その著作物を公表するかしないか、またどのような方法で公表するかは、著作者本人が決めることができます。美術作品なら、作品展に出すかどうか、どの作品展に出すか、あるいは、専門誌などに投稿するかなどを決めることができるのは著作者本人の権利です。
- **氏名表示権**：公表する時に、氏名を表示するかしないかは著作者本人が決めることができます。また、氏名を本名とせず、ペンネーム等の別名で公表することを選ぶのも著作者本人です。
- **同一性保持権**：作品の変更を許すかどうかを、決めるのも著作者本人です。どのような変更を認めるのか、内容や方法についても、著作者本人が判断します。

上記のように、著作者人格権は、著作者本人に認められているものです。学校での指導であっても、決められるのは著作物をつくった本人（年齢によっては保護者）なので、児童生徒本人が納得できるように話をしていくことが必要になります。児童生徒の人格を尊重するという視点で考えていくことが必要です。

◇著作権法で守られているもの

ここまでは金銭的価値としての財産を守る著作財産権と、著作者の名誉を守る著作者人格権を見てきましたが、著作物を創作した著作者本人の権利と同じように、著作物の伝達に関わった人にも、図2のように著作権法では権利があることが規定されています。

著作権法の究極の目的は、前述の著作権法第1条にあるとおり、一国の文化の発展にあります。出来上がった作品はより多くの人の目に触れ、読まれ、あるいは鑑賞されてこそ、次世代の文化の創造、文化の発展に結びついてい

きます。そこで、著作権法では、著作物の創作活動に準じた行為である実演をする者や著作物の「伝達」に貢献する者の権利として、①実演家、②レコード製作者、③放送事業者及び④有線放送事業者の4者に権利を認めています。一言で要約すると著作物を世の中に「伝達」する人が持つ権利であって、著作隣接権は、実演等を行った時点で自動的に付与されます。たとえば、市販のオーケストラのCD音源をクラスのYouTubeチャンネルのBGMとして利用した場合、楽曲の著作権は問題ない場合でも、レーベル（レコード製作者：著作隣接権者）から権利侵害のクレームが来たりするのはこのためです。

　このように、著作者本人ではない人にも、著作隣接権という権利が認められ、大事にされています。著作物を創作した著作者、それがいきわたるようにする著作隣接権を持つ人、その全てが著作権者と言われます。

　このようにして文化を発展させていくために、著作権法があります。

著作権 ─┬─ 著作者人格権　名誉を守る
　　　　└─ 著作財産権　　財産を守る

著作隣接権 ─┬─ 実演家
　　　　　　│　　録音権、録画権、放送権、有線放送権、送信可能化権、
　　　　　　│　　譲渡権、貸与権
　　　　　　├─ レコード製作者
　　　　　　│　　複製権、送信可能化権、譲渡権、貸与権
　　　　　　├─ 放送事業者の権利
　　　　　　│　　複製権、再放送権、有線放送権、送信可能化権、テレビジョン放送の伝達権
　　　　　　└─ 有線放送事業者の権利
　　　　　　　　　複製権、放送権、再有線放送権、送信可能化権、有線テレビジョン放送の伝達権

実演家　　　実演家人格権、放送二次使用料を受ける権利、
　　　　　　貸レコードについて報酬を受ける権利

レコード製作者　放送二次使用料を受ける権利、
　　　　　　　　貸レコードについて報酬を受ける権利

図2　著作権法で守られる権利の整理

2. 教育における著作権

◇著作物を利用する立場

　ここまで、著作権は、文化の発展のために著作権法で定められていると書いてきましたが、これは著作権者の立場から見てのことでした。しかし、創作する立場だけではなく、それを生かし利用する、あるいは伝承していく立場もあります。

　本を読んでいて、あるいは新聞を読んでいて、大事なことをメモすることはないでしょうか。このメモをするということは、複製をしていることになります。デジタルの場合は、範囲を選んで、コピーしておいたり、画面をキャプチャしておいたりしますが、これも複製していることになります。この複製する権利は、著作権者のものですので、許諾を得ないとならないことです。しかし、これでは著作権者を守れても、著作物が文化の発展に生かされることは難しくなってしまいます。そこで、著作権者の権利を制限する規定が、表3のように著作権法の中にはあります。著作権者の権利を制限しているので、それぞれについて無制限にということではなく、場面や範囲、方法などの要件が定められています。

表3　著作物を了解を得ずに使える場合

・私的使用のための複製（第30条）

・付随対象著作物の利用「写り込み」（第30条の2）

・検討の過程における利用（第30条の3）※ AIと著作権の関係

・著作物に表現された思想又は感情の享受を目的としない利用（第30条の4）※ AIと著作権の関係

・図書館等における複製（第31条）

・引用（第32条）

・教科用図書等への掲載（第33条）

・教科用図書代替教材への掲載等（第33条の2）

・教科用拡大図書等の作成のための複製等（第33条の3）

・学校教育番組の放送等（第34条）

・学校その他の教育機関における複製等（第35条）

- ・試験問題としての複製等（第36条）
- ・視覚障害者等のための複製等（第37条）
- ・聴覚障害者等のための自動公衆送信（第37条の2）
- ・営利を目的としない上演等（第38条）
- ・時事問題に関する論説の転載等（第39条）
- ・公開の演説等の利用（第40条）
- ・時事の事件の報道のための利用（第41条）
- ・裁判手続等における複製（第42条）
- ・国立国会図書館法によるインターネット資料及びオンライン資料の収集のための複製（第43条）
- ・放送事業者等による一時的固定（第44条）
- ・美術の著作物等の原作品の所有者による展示（第45条）
- ・公開の美術の著作物等の利用（第46条）
- ・美術の著作物等の展示に伴う複製等（第47条）
- ・美術の著作物等の譲渡等の申出に伴う複製等（第47条の2）
- ・プログラムの著作物の複製物の所有者による複製等（第47条の3）
- ・電子計算機における著作物の利用に付随する利用等（第47条の4）
- ・電子計算機による情報処理及びその結果の提供に付随する軽微利用等（第47条の5）
- ・翻訳、翻案等による利用（第47条の6）
- ・複製権の制限により作成された複製物の譲渡（第47条の7）

　著作者の権利を制限するたくさんの例外規定がありますが、これらは世の中の状況に合わせて変わってきています。**表3**の下線の項目が、学校教育に関連すると思われる点であり、特に第35条が最も関係が深くなっています。本書の中では、これらの具体的な場面について解説していきます。

◇教科書の利用

　これまでの文化を受け継ぎ、これからの文化を創っていくという「学び」を大事にするために、教科書に著作物を利用することが例外規定の中の第

33条に書かれています。著作権者の権利は制限されているのですが、第33条第2項には「文化庁長官が定める算出方法により算出した額の補償金を著作権者に支払わなければならない。」とあり、この場合でも、著作物は無料では利用できません。義務教育で教科書が無償なのは、教科書会社から国が購入して、その教科書を採択しているところで利用できるようにしているからです。この無償の対象は児童生徒だけで、指導者の使う教科書は別に購入しています。学校で児童生徒に配布した教科書の記録の提出が大変だと感じる方も多いと思います。以前の手書きや印鑑を押していた頃に比べて、システム化されているとはいえ、手間はかかっています。しかし、これも、教科書という著作物での著作権者の権利を守ることと、これを使って学ぶ利用者の利便性のバランスをとるためです。著作権者の権利を制限しているというのは、こうした法で定められた規定に沿うことで、文化の発展に寄与しているということができるのです。さらに、社会の変化に伴い、学習者用デジタル教科書を利用する場合についても、実証実験等で同様に国が購入して、それを利用する形で対応が進んでいます。

このようにして子どもたちの手元に届く教科書は、多くの情報を整理・編集して掲載している教科書会社の著作物です。採択されていない教科書を購入して比較するという教材研究はよく行われますが、それを授業での教材とする場合は、資料集などの教材と同じように学習者の分も購入して利用等する必要があります。

◇試験問題として

学校で行われる試験の問題でも、本文、写真、図表など多様な著作物を利用しているのではないでしょうか。学校の中での過去のものなども使っていたりすると、もとの著作物の確認ができないこともあるかもしれません。毎時間の評価、単元毎や定期試験などでの作問はもちろんですが、特に入学試験など、授業ではない試験の時にも著作物が利用されていることがあると思います。これらの試験問題については、著作物を利用する時の手続き等をすることで、試験問題が外部に知られることにつながり、公正さが保ちにくくなることが想定されるため、著作物利用の手続きを事前にしなくても良いと

いう例外が規定され、限定的に著作権者の権利が制限されています。

　一方、自作した試験問題については、一つひとつの文章や、写真、図表等はそれぞれの著作者がいるとしても、組み合わせて作成した問題そのものは、自作した学校や先生の著作物でもあります。先生方がつくった問題も著作権で守られていますので、その問題を利用することが想定されている児童生徒以外の、誰かがそのまま使うことについては、拒否することも含めて、公開の可否や氏名の表示、改変の可否などを決めることができます。

　また、学校の定期テストの問題を学習塾などが利用したいと申し出てきた時には、利用した素材としての著作物の許諾については、学校ではできません。本来の著作権者に許諾を申請するのは、利用したいと申し出をした学習塾などになります。

◇学校が著作権者になる時

　テスト問題や教材以外でも、学校でつくったものは、学校が著作権者となることがあります。学校の周年行事等で作成した記念品やお知らせのパンフレットなど、学校の考え方や児童生徒の作文や絵などの作品が編集されているものは学校の著作物です。また、その中に使われている児童生徒の作品などは児童生徒個々の著作物でもあります。児童生徒の著作物を利用するという立場と、学校として著作権者になるという両面をもっています。児童生徒からは、著作物を利用することの許諾を得なくてはなりません。氏名を表示するかどうかも、児童生徒が決めることができます。年齢や立場によらず、学校も児童生徒も同じ立場です。また、こうした場面を通して、児童生徒は学んでいきますので、単に氏名を表示するかしないかを聞くだけではなく、説明をしていくことも欠かせません。また、児童生徒だけでは十分な判断ができないこともあるので、年齢に応じて保護者にも確認していくことになります。

　学校における著作権は、利用者、著作権者としての両面があり、児童生徒や家庭の啓発を進めていくというものでもあるのです。

3. 学校教育の特例

◇学校教育は守られている

　学校の授業の場面を見てみましょう。校種や教科によっても異なりますが、教科書を読み、読み取ったことをノートに記録するということは日常的に行われています。今では、教科書やノートもデジタル化し、学習者用の端末が使われることも多くあります。また、それを先生が大型のテレビやプロジェクタに示すこともありますし、ワークシートなどに教科書の挿絵や本文の一部を利用することもあります。

　先生が見せたり、児童生徒が自分で読んだりすることは、著作権者の権利にふれるようなことではなく、著作物の利用として問題ありません。しかし、教科書の挿絵や図表、本文の一部を利用してワークシートをつくることは、複製をしていることになりますので、無許諾では著作権者の複製権を侵害していることになってしまいます。また、児童生徒が教科書の本文の一部や図表などをノートに書き写すことも、厳密には複製権を侵害しているということになってしまいます。

　こうした日常的に学校で児童生徒が行なっていることが、著作権の侵害にならないようにするためには、本来であれば許諾を得ることが必要になります。しかし、たとえば教科書の場合は、教科書会社が全ての著作権を持っているのではなく、元の著作権者から許諾を得て利用している場合があり、本文や挿絵、図表には、それぞれの著作権者がいます。そうなると、教科書を授業の中で使おうとした時に、その全てに一つずつ許諾を得る必要が出てきてしまいます。教科書だけであればまだしも、資料集などの教材、図書室や児童が家庭から持参した本や、パンフレットも授業の中では使うことがありますので、その数は膨大なものになってしまいます。教師が事前に許諾を得ることは無理があると言わざるを得ないでしょう。さらに、個別最適な学びをめざして、個々の課題に主体的に取り組んでいく中では、児童生徒個々に利用する著作物が異なるケースもありますので、事前に把握することもできません。著作権教育の中では、許諾を得る方法を学びますが、学習の中で全て許諾を得てから使うことが前提となっては、学習そのものが成り立たなく

なってしまいます。

　そうしたことを避けるために、学校教育の場での著作物の利用に関しては、著作権法第35条によって、著作権者の権利が制限されています。

◇限定的な利用

　著作権法第35条を文節に分けてみると、

　　どこで　　：学校その他の教育機関
　　誰が　　　：教育を担任する者及び授業を受ける者
　　どんな時　：授業の過程における利用に供することを目的とする場合
　　どのくらい：必要と認められる限度において
　　何を　　　：公表された著作物
　　どう扱える：著作物を複製
　　　　　　　　公衆送信を行う
　　　　　　　　公に伝達することができる

　と細かく規定されており、さらに、

　○当該著作物の種類及び用途

　　教材等で、児童生徒が個々に購入するように作られているものは、購入させないで複製で済ませてはいけない。

　○当該複製の部数

　　必要と認められる部数が限度。

　○当該複製、公衆送信又は伝達の態様

　　誰に対して複製を配ったり、オンラインで届けたりするのか。

　○著作権者の利益を不当に害することとなる場合は、この限りでない

　とあり、第35条の規定があるからといっても、その制限は限定的であることも書かれているのです。

◇学校でも全てができるわけではない

　著作権法第35条があるので、学校教育では全ての著作物を無許諾無償で利用できると考えてしまう先生も多いようですが、そのための訴訟等が実際に起きています。

　多いのが「授業の過程における利用」という規定を拡大解釈してしまうこ

とです。授業と言っても、学習指導要領で定められている教育課程の全てを含むので、行事や校外学習など教室以外での学習も含まれます。しかし、職員会議や教職員の研修は、教育課程ではないのです。つまり、職員会議資料に、書籍や新聞記事からのコピーを利用することはできません。新聞記事の中でも、データや公的機関が発表した事実は著作物に当たらないのですが、データをグラフ等に表したり、記事として編集されたりしているものは著作物に該当しますので、勝手にコピーすることはできません。「学校の中でのことなので私的な利用だから」と考える人もいますが、著作権法の私的な利用の範囲は「個人的又は家庭内その他これに準じる限られた範囲」（著作権法第30条）とあるので、学校での業務はこれにはあたりません。また、保護者へのお知らせの文書等での利用も授業の過程ではありませんので、コピーを配布することはできません。学校だよりに、無料で使えると思い込んだイラストを入れてしまった事例もよく聞きます。インターネットでフリー素材として検索した画像でも、利用規定には、数の制限があったり、どのような使い方が該当するかが書かれていたりすることもあります。授業の中では利用できても、配布文書ではコピーをのせることはできないことが多いのです。教科書の挿絵なども同様です。

　ではどうすればいいのでしょうか。私的利用には当てはまらないということを書きましたが、著作物を利用する場合の方法の一つとして、著作権法第32条の「引用」が考えられます。ただ、「引用」に当てはまるかには規定があり、説明するための資料としての「引用」とならなければならないので、単に複製した場合はあてはまりません。ワンポイントとしてイラストを入れるだけというのもあてはまりません。伝えたいことがありそのことが中心となり、量的にも内容的にも、誰が見ても、補足的、付従的な説明のための資料となっていると思えることや、出典を明示することなどの引用の規定にそった利用をすることが必要です。

　また、第35条の例外規定では無許諾無償で利用できる場合を扱っていますが、著作物を利用する場合、「許諾を得る」「有償で利用する」ことがほとんどです。例えば新聞記事を利用したい時は、新聞著作権協議会が委託している「日本複製権センター」との契約で利用することができます。このように、それぞ

れの管理団体があります。しかし、管理団体に所属していない場合は、個々の著作権者から許諾を得る必要があります。

◇無許諾有償の利用

　現在はオンラインでの学習の機会が増えてきており、従来の学校という限定された場を超える利用が生じています。そのために、2018年に学校の場を超えた遠隔の授業や、家庭等での予復習の際にも同様の活用ができないかと検討がされ、授業目的公衆送信補償金制度が創設され、それを受けて設立された「授業目的公衆送信補償金等管理協会（SARTRAS）」に補償金を払うことで授業などで利用することができるようになりました。令和2年の全国一斉休校の際のオンライン授業では、この制度が令和2年度のみ無償とする形で早期施行されています。この制度は教育委員会等の学校設置者が補償金を払うことで、公衆送信において無許諾有償で著作物を利用できるとするものです。学校や教師毎には支払いは不要ですが、利用状況の把握のための調査などに協力することで、この制度が運用されていきます。

◇複製以外の利用

　著作権法第35条で、著作権者の権利が制限されているのは複製（コピー）と公衆送信といった著作財産権についての制限です。コピーをして配布するのではなく、著作物そのものを校内に展示して、保護者等に見てもらうことはできます。また、行事等で音楽を流して、授業を受ける者以外の参観に来た保護者が聞いてしまうことも複製にはあたりませんし、営利を目的としない上演等（第38条）に当てはまるので大丈夫です。

　気をつけたいのは、第35条の例外規定の範囲内であっても、氏名表示権や、同一性保持権などの著作者人格権までは制限されていないということです。勝手に作者名を変えてしまったり、作品そのものを改変したりすることまでは認められていません。あくまでも、学習者の学びの場での不都合を避け、学びに集中できるようにするという、創造や伝承による文化の発展を願っての制限なのです。授業の中でコピーして教材を利用する際には、著作者の思いを大事にし、配慮を忘れないようにしたいものです。

4. 学校教育外の特例

◇権利者の権利を制限する

　外出中に見たいテレビ放送がある時、録画しておき、帰宅してから再生して観ることは一般的にしていると思います。また、出会った料理のおいしさに惹かれ、料理の本を購入した時など、その料理を作るために、本から覚えておきたい手順や素材を書き写したメモを持って買い物に行き、メモを見て買い物をするというようなこともあると思います。料理に限らず、これら、書き写したものを利用することは往々にあります。

　書き写したり録画したりすることは、複製することですので、著作権法第21条にある「著作者は、その著作物を複製する権利を専有する。」だけを見ると、著作者に認められた権利を侵害する行為であるといえそうです。「専有」とあるので、この権利は著作者だけのものであり、第63条に「著作権者は、他人に対し、その著作物の利用を許諾することができる。」とあるように、他者に対して許諾することができることも規定されています。このため、時間が合わず見られない番組を許諾を得ることなく録画したり、購入した本を許諾を得ることなく書き写したりすることは、著作権法第21条だけを見ると、違法行為になってしまうのです。許諾を得ることができれば問題ないのですが、いつでもすぐに問い合わせをして手続きがとれるとはかぎりません。買い物に行く度に、あるいは料理をするたびに出版社に連絡をとって許諾を得るのは現実的ではありません。リアルタイムでないとテレビ番組を見ることができなかったり、購入した本そのものを持ち歩かなくてはいけなかったりするのもおかしな話です。これでは、著作権法の文化を発展させるという基本的な考え方に反してしまいます。

　そこで、著作権法では、著作権者の権利を制限し、著作権者の許諾を得ずに著作物を利用できる場合を定めています。著作権法には著作者の権利を守るための規定が明記されていますが、著作者を守るだけでは、著作物を利用する立場の人の行動が制限されることになり、日常生活の中での文化の発展という視点を大きく損なってしまうためです。

　時間が合わなくて見られないテレビ番組を録画しておいて後で見ることや、

購入した本を書き写して買い物のためのメモを作ったり、メモをもとに料理を作ったりすることは、私的使用のための複製（第30条）として著作権が制限されているので、違法となることなく利用できるようになっているのです。

◇**私的使用の範囲**（著作権法第30条）

　私的使用のための複製は、使用する本人が複製し、個人的にまたは家庭内など限られた範囲内での使用について認められると、その範囲が決められています。友達にも教えてあげたいと、コピーして渡したりすることはこの範囲を超えてしまいます。あくまでも個人あるいは家庭での利用の場合に、著作権者の権利が制限されているのです。

　あくまでも私的使用のためなので、無条件にできるわけではありません。デジタルテレビ放送などは、録画したものを複製（元は残る）や移動（元は残らない）する場合の制限があります。この制限を超えたり、制限を不当に解除したりすることはできないようになっています。また、公衆が使うことを目的に設置されたコピー機や専用に用意されている機器などを利用して複製することも、個人的に、あるいは家庭内での私的使用とはいえなくなってしまいます。実際、法文上は私的使用から除外されています（第30条第1項第1号）。

　ただし、コンビニのコイン式複写機のように、「専ら文書又は図画の複製に供するもの」は現状「自動複製機器」には該当しない扱いとなっていて（附則第5条の2）、第30条第1項第1号の適用はなく、私的使用の権利制限が認められています。

◇**図書館での利用**（著作権法第31条）

　図書館は、本に親しんだり、情報を得たり、地域の文化的なイベントが行われたりするなど、まさに文化の中心になる施設です。図書館にある本は貸出もしていますが、図書館内で読んだ本の全てではなく、必要な一部を手元に残しておきたいということもあります。そんなときには、図書館のサービスとしてコピーをすることができる場合があります（図書館どうしの連携で他の図書館も含めてコピーができたり、その地域の図書館によって、特定図書館として指定されているなどの状況によって対象となる書籍などに違いがあったりします）。

　これも、文化の発展のためという著作権法の基本的な姿勢から規定されて

いるものです。

ただその場合も、書籍の全てではなく、研究のためや私的使用のために、一部分を一人につき一部だけ複製することができるようになっています（著作権法第31条第1項第1号）。図書館での複製も、著作権者の権利を制限していることになるので、営利目的や会社などの業務のためのコピーや、同じページだけを複数コピーすることなどは認められずに、著作権者の権利を損なうことがないように規定されています。

◇**プログラムの複製物の所有者による複製**（著作権法第47条の3）

コンピュータで利用するソフトウェアは、ダウンロードして使ったり、利用する権利（ライセンス）を購入して使ったりする場合に加えて、DVDやメモリに記録されたものを購入する場合もあります。DVDやメモリに記録されたものを購入した場合、万一のためにソフトウェアの予備を残しておくことができます。自分で所有しているものを、自分で利用するためなので、こうした場合は一部だけではなく全ての複製を残しておくことができます。

また、ソフトウェアをコンピュータで使うためにインストールすることもコピーして環境を作っていることになりますが、こうしたコピーも同じように考えられます。複製を使うことになるので、複数台での利用が可能になることもあるのですが、何台のコンピュータで利用できるかは、購入時に決められていますので、その範囲でということに注意が必要です。無制限にコピーができるわけではありません。

◇**引用しての利用**（著作権法第32条）

学校での指導の内容にもなっていますが、伝えたい情報を補足するためや原典を示すために、著作物を利用することがあります。

自分の考えたことや思っていることを伝えるために、他の考え方を取り上げてより詳しく伝えようとする場合や、他の考え方をもとにしてそれに対する自分の考えを伝えようとするような場合は、4つの要件を全て満たすようにすることで、「引用」として無許諾・無償で著作物を利用することができます。

著作権者の権利の制限を少なくし、文化の発展に寄与する著作物の利用方法がこのような「引用」です。著作権法第32条にある「引用」を満たす4つの要件は以下の通りです。

1 すでに公表されている著作物であること

　公表されていない物を引用すると、引用の中で勝手に公表することになってしまい、著作者の権利を侵害してしまうことにつながります。制限されているのは複製することだけです。「引用」は、公表されているものの一部を利用することで、自分の考えたことをより正確に伝えるためのものです。

2 「公正な慣行」に合致すること

　「必然性」が必要です。引用をすることで自分の考えをよりよく伝えることができ、引用しないことで自分の考えを伝えることが損なわれるような場合には引用する必要があるということがいえます。また、引用部分をはっきりさせるために引用元の著作物が言語の場合にはカギ括弧などにより「引用部分」を示すことも必要です。これを「明瞭区別性」といいます。言語以外の図や絵などの場合は、引用元に加筆してポイントを示すなどして資料としている場合、元の著作物に加筆していることも書き添えると良いでしょう。

3 引用の目的上「正当な範囲内」であること

　引用は自分の考えを補足するものであって、量的にも自分の考えが中心となり、引用部分がその補足であることが必要です。そのためには、引用する分量を減らし、必要最小限度としたり、自分の考えが中心となるように引用した部分を示したりしながら表記するというような工夫をすることで、「正当な範囲内」であることがわかりやすくなります。このように、自分の考えが中心となり、引用した部分が参考になることを、「主従関係」が明確になっていると表現することがあります。

4 「出所の明示」をすること （著作権法第48条）

　引用した著作物の情報を正確に伝えるために、出所をきちんと書き表すことが必要です。このことで、著作者への敬意を示し、読み手が参照元を確認してさらにその人の考えを深めるという、文化の発展に寄与する意味があります。

　出所の明示の方法は、伝えるメディアの種類や、組織や研究分野によって、表記の順番やさまざまなスタイルがあります。含める情報としては、

○**著作者名**：著作者の氏名を書きます。基本はフルネームで、官公庁などの組織を書く場合もあります。

○**著作物のタイトル**：引用元の資料のタイトルを正確に書きます。

○**出版の情報**：書籍の場合は出版社、出版年、版数やページ数。記事の場合は、掲載された雑誌やジャーナルの名前、発行号、発行年、ページ数などを書きます。

○ **URL**：オンラインの資料を引用する時は、該当する WEB ページの URL を書きます。オンラインの資料の場合は、日々変わることがあるので、アクセスした日時やサイトの名称なども書きます。

5. 平成 30 年の著作権をめぐる変化

　社会の変化の中で、著作権についての法律である著作権法は、何回も見直しがされてきています。ここでは平成 30 年改正法による主な変化を振り返っておきたいと思います。

　平成 30 年の著作権法の改正（著作権法の一部を改正する法律）は、デジタル・ネットワーク技術の進展により、新たに生まれる様々な著作物の利用ニーズに的確に対応するため、著作権者の許諾を受ける必要がある行為の範囲を見直し、情報関連産業、教育、障害者、美術館等におけるアーカイブの利活用に係る著作物の利用をより円滑に行えるようにしたものです。

◇授業目的公衆送信補償金制度

　学校に大きな影響があるのが、第 35 条の「学校での著作物の利用」に関する部分の法改正です。それまでにも文部科学省では、デジタル化・ネットワーク化の進展等に伴う著作物の利用環境の変化を受け、著作物の利用の円滑化を図るという観点から制度改正を行ってきていました。

　もともと、改正前の第 35 条でも、学校内での授業の場面においては、教師、児童生徒とも、無許諾・無償での複製が可能でした（この学校の中での利用という制限をおくことで、著作権者の不利益になることを少なくしていました）。しかしそれは、対面の授業のための複製や、対面授業のために複製したものを同時中継の遠隔合同授業のために利用するケースに限られていました。

　ところが、オンラインでの学習が一般的になり、学校外のサーバ上にデータを置いたり、オンデマンドで利用したりすることが出てきました。授業の様子や資料を学校外に提供することは公衆送信となるため、従来の第 35 条では、著作権者に許諾をとらなくてはなりません。しかし、権利処理の手続きが煩雑であり、学校での ICT を活用した教育活動に著作物が円滑に利用できないことが懸念されました。

　そこで、学校での著作物の利用の促進をはかりつつ、著作権者の権利も保護するために第 35 条が改正され、無許諾有償で、学校等の授業の過程にお

いて著作物の公衆送信を行う際の、権利処理の取り扱いをするための制度が新たに作られました。この制度が「授業目的公衆送信補償金制度」で、その指定管理団体が「SARTRAS（一般社団法人授業目的公衆送信補償金等管理協会）」です。

　従来の第35条での学校教育の例外規定に沿って、無許諾無償のまま著作物の公衆送信が利用できるようにしてしまうと、著作権者の権利が著しく損なわれることになってしまいます。そこで「授業目的公衆送信補償金制度」では、著作権者に一定の補償金を支払うことが定められています。

　権利者、利用者、有識者で構成される教育著作権フォーラムでは、著作物の利用状況を把握したり、補償金の額や支払い・分配の方法を決定したり、ガイドラインを作成したりするなどの行為を行い、文化庁長官への認可の申請や運用をしてきています。(216ページに「改正著作権法第35条運用指針（令和3（2021）年度版)」を掲載)

◇**改正の概要**

　他にも以下のような改正がありました。

　○柔軟な権利制限規定の整備

　　データを活用した多様なサービスを進めるために、著作物の市場への影響を与えないようにしつつ、許諾なく著作物を扱えるようにしました。このことで書籍に関する情報をデータベースに登録し、その所在を確認したり、大量の論文データを使って情報を解析したりするサービスができるようになってきています。

　○障害者の情報アクセス機会の充実

　　それまでは視覚障害者を対象としていた規定を見直し、肢体不自由等で書籍を持てない状況にある利用者のために、録音図書を許諾なく作成できるようになりました。

　○アーカイブの利活用に関する権利制限規定

　　それまでは、小冊子等の紙媒体ではできるようになっていた、美術館等での展示作品の解説や紹介をデジタル化して、タブレット端末でも閲覧可能にすることが許諾なく行えるようになりました。

6. 令和2年の著作権をめぐる変化

　社会的に、海賊版と言われる著作物の流通が多くなり、海外のサーバを使うことでそれが把握しにくくなっている中で、令和2年の法改正が行われました。

◇海賊版対策の強化

　一つのサイトで3000億円の出版物が無料で読まれたとの試算もあるほどに、漫画や雑誌の海賊版による被害が甚大なものとなりました。出版社の売り上げは2割も減ったという資料もあるほど（著作権法及びプログラムの著作物に係る登録の特例に関する法律の一部を改正する法律）に被害が大きく、著作物を作成、出版する立場が揺るがされていました。ほかにも著作物の分野・種類を問わず、専門書やビジネスソフト、学術論文、新聞などでも被害は発生していて、特にインターネット上では、リーチサイトと呼ばれる、データそのものは扱わずに、リンクだけが集められているサイトの存在が被害に拍車をかけている状況があり、日本の文化の発展が脅かされる状態にもなっていました。

　従来も、著作物を著作権者の許諾なくインターネット上にアップロードすることは違法であり、違法にアップロードされた音楽や映像を違法と知りながらダウンロードすることも違法とされてきていました。特に、違法にアップロードされたものと知りながらダウンロードすることは刑事罰が強化されてきていたのです。

　そこで、違法アップロードされたコンテンツへのリンク情報を掲載しているリーチサイトへの規制が法整備されました。結果、リーチサイトは、サイトやアプリの運営の面と、リンクの提供行為そのものの双方に渡って規制されました。リンク提供者は民事訴訟、刑事罰（懲役3年、罰金300万以下）の親告罪の対象となり、サイトの運営者やアプリの提供者には刑事罰（懲役5年、罰金500万以下）の親告罪の対象となる重い罪になっています。

　違法にアップロードされたコンテンツをダウンロードすることが違法であることについては、対象の著作物が音楽・映像から、漫画や書籍・論文・コンピュータプログラムなどの著作物全般に拡大されました。この規制強化に

よって、通常の情報を扱う活動を委縮させないように、違法であることを知っている場合のみに限定し、軽微なものや二次創作は除外されるなどの配慮もなされています。また、刑事罰については、正規版が有償の場合に繰り返してダウンロードする時だけ対象となるということも定められています。

◇改正の概要

他にも以下のような改正がありました。

○写り込みに係る権利制限規定の対象範囲の拡大

写り込みに係る権利制限規定とは、平成24年改正により設けられたもので、例えば、人や町を撮影した写真の背景に、著作物であるキャラクターのイラストや絵などが写り込んでいた場合に、それが著作権侵害行為とはならないようにすることを目的としたものです。

これまでは、写真撮影・録音・録画を行う際の写り込みのみが認められていましたが、スマートフォンやタブレット端末等の急速な普及、動画投稿・配信プラットフォームの発達等の社会実態の変化など、デジタル化・ネットワーク化が進んでいくことに対応して、スクリーンショットやインターネットによる生配信などを行う際の写り込みも幅広く認めるなど、規定の対象範囲が拡大されました。

具体的には、改正によって、対象となる行為が、「写真撮影・録音・録画」だったものが、「複製・（複製を伴わない）伝達行為全般」となりました。このことによって、スクリーンショットや生配信、ＣＧ（コンピュータグラフィックス）化など、広い行為が含まれることになりました。

また、法改正以前は、この規定が適用されるのは、利用者が「著作物の創作をする場合」に限られていましたが、改正後は、著作物の創作以外のケースでも、写り込みによる著作物の利用ができるようになりました。このことによって、固定カメラでの撮影やスクリーンショットによる写り込み（創作性がない）場合でも、利用することが可能となりました。

加えて、法改正以前は、権利制限規定の対象範囲は、「メインの被写体から分離困難な創作物の写り込み」だけが適用の対象でしたが、改正後は、たとえ分離困難でなくとも、「メインの被写体に付随する著作物」であれば、適用対象に含まれることになりました。例としては、キャラクターのぬい

ぐるみや絵などを持った児童生徒を撮影するようなケースが、「写り込みに係る権利制限規定」の対象になります。

また、法改正によって設けられた「正当な範囲内」という要件は、経済的な利益を得るために、あえて著作物を入れ込むなどの濫用的な利用を防止し、調整を図るためのものであると言えます。

○行政手続に係る権利制限規定の整備（地理的表示法・種苗法関係）

これまでに、特許審査手続等では、迅速・的確な審査のために、権利者に許諾なく必要な文献等の複製等ができることとなっていました。さらに、（ⅰ）地理的表示法に基づく地理的表示の登録、（ⅱ）種苗法に基づく植物の品種登録でも、同様に権利者の許諾なく複製等ができるようになりました。

○アクセスコントロールに関する保護の強化

コンテンツの不正利用を防止する「ライセンス認証」を不正に回避する行為にも適切に対応できるよう、規定の見直しが行われました。

○プログラムの著作物に係る登録制度の整備（プログラム登録特例法）

プログラム登録を巡るニーズや、指定登録機関からの要請を踏まえ、

①訴訟等での立証の円滑化に資するよう、著作権者等が自ら保有する著作物とプログラム登録がされている著作物が同一であることの証明を請求できるようになりました。

②国及び独立行政法人が登録を行う場合の手数料免除規定が廃止されました。

7. 令和3年の著作権をめぐる変化

◇図書館関係の権利制限規定の見直し

○絶版等資料

　国立国会図書館は、これまでは、デジタル化した絶版等資料のデータを、公共図書館や大学図書館等に送信することは可能でした。そのため利用者は、公共図書館や大学図書館等に直接行けば、絶版等資料を閲覧することができましたが、図書館が休館している場合や、病気等で図書館に行けない場合、または近隣に図書館が存在しない場合には、絶版等資料を見ることができませんでした。

　そこで、国立国会図書館が、絶版等資料のデータを、事前登録した利用者に直接送信できるようになりました。利用者は、自宅等にいるままで、国立国会図書館のWEBサイト上で資料を閲覧できます。

　「絶版等資料」とは、実際に絶版かどうかの問題ではなく、「一般に入手することが困難」かどうかで判断されます。

　しかし、関係者協議では、権利者保護の観点から、漫画、商業雑誌、出版されている博士論文等については送信しないことになっています。

　その他の図書等については、

（ⅰ）国立国会図書館による入手可能性調査

（ⅱ）事前除外手続

（ⅲ）事後除外手続

という3段階の手続を行い「絶版等資料」であることと、権利者の利益を不当に害しないことなどを担保した上での送信となります。

　利用者側では、自分で利用するために必要な複製（プリントアウト）や、非営利・無料等の要件の下であれば、ディスプレイなどを用いて公衆に見せることも可能です。

　利用者の利便性を求めながらも、著作権者の権利を守っての運用が協議されてきた状況です。

○各図書館等による図書館資料のメール送信等

　これまでも、国立国会図書館や公共図書館、大学図書館等は、図書館資料を用いて、著作物の一部分を複製・提供することが可能でした。しかし、

郵送は可能でしたが、メールなどでの送信（公衆送信）はできず、デジタル化が進む中でも、ネットワークを活用し迅速に資料を入手することができませんでした。

第31条第2項の法改正により、権利者保護のための以下のような厳格な要件の下で、図書館等が、図書館資料の一部分をメールなどで送信することができるようになりました。

○正規の電子出版等の市場との競合防止
　著作物の種類や電子出版等の実施状況などに照らし「著作権者の利益を不当に害することとなる場合」には、公衆送信を行うことができない旨のただし書を設ける。
○利用者によるデータの不正拡散等の防止
　・事前に、利用者が図書館等に氏名・連絡先等を登録することを求める。
○図書館等における法令を遵守した適正な運用等の担保
　以下の要件を満たす図書館等のみが公衆送信を実施できることとする。
（ア）公衆送信に関する業務を適正に実施するための責任者を配置していること
（イ）公衆送信に関する業務に従事する職員に対して研修を実施していること
（ウ）利用者情報を適切に管理すること
（エ）公衆送信のために作成したデータの流出防止措置を講ずること
（オ）その他、文部科学省令で定める措置を講ずること

　メールでの送信を行う場合には、図書館等の設置者が権利者に補償金を支払うことになっていますが、実態上、補償金はコピー代や郵送代と同様、基本的に利用者が図書館等に支払うことが想定されています。

◇放送番組のインターネット同時配信等に係る権利処理の円滑化

同時配信等（追っかけ配信、一定期間の見逃し配信を含む）は、放送と同じように権利処理ができるようにし、放送番組の利用契約と同時に配信の利用も許諾したとする規定を創設し、事前許諾を不要として、権利者に報酬を支払うようになりました。

具体的には、以下のような改正がはかられています。

（文化庁：令和３年改正資料）

①放送では許諾なく著作物等を利用できることを定める「権利制限規定」（例：学校教育番組の放送）を、同時配信等に拡充する。

②放送番組での利用を認める契約の際、権利者が別段の意思表示をしていなければ、放送だけでなく、同時配信等での利用も許諾したと推定する「許諾推定規定」を創設する。

③集中管理等が行われておらず許諾を得るのが困難な「レコード（音源）・レコード実演（音源に収録された歌唱・演奏）」について、同時配信等における利用を円滑化する。⇒ 事前許諾を不要としつつ、放送事業者が権利者に報酬を支払うことを求める。

④集中管理等が行われておらず許諾を得るのが困難な「映像実演（俳優の演技など）」について、過去の放送番組の同時配信等における利用を円滑化する。
⇒事前許諾を不要としつつ、放送事業者が権利者に報酬を支払うことを求める。

⑤放送に当たって権利者との協議が整わない場合に「文化庁の裁定を受けて著作物等を利用できる制度」を、同時配信等に拡充する。

8. 令和5年の著作権をめぐる変化

◇著作物等の利用に関する新たな裁定制度の創設（権利者不明著作物）

　インターネットを通じて著作物を公表することができる現在では、権利者が誰かわからない著作物や、著作権者に利用の可否を確認することができない著作物が増えてきました。また、環太平洋パートナーシップ協定が平成30年12月30日に発効したのに伴い、日本の著作権の保護期間も50年から70年に延長され、今後ますます「権利者不明著作物」が増える見込みです。学校の教育現場でも、権利者不明の著作物や、権利者が一応わかっていても連絡が取れない著作物の利用に直面する場合もあり得るかと思われます。

　従来から、権利者が誰なのかわからない場合や、連絡先がわからない場合には、著作権者不明等の場合の裁定制度（著作権法第67条以下）により著作物を利用することが可能でしたが、従前の制度では、連絡先（メールアドレスやSNSのアカウント等）はわかるものの、連絡に対して返信がない場合（連絡先不明ではない場合）には、制度が活用できないなどの問題がありました。

　そこで、令和5年に、著作権者等の「意思」が明確ではない著作物等（未管理公表著作物等）については、<u>文化庁長官の裁定を受け</u>、<u>補償金を支払う</u>ことで、<u>3年を上限とした利用</u>が可能となるよう法改正が行われました。

○裁定制度等の手続きの簡素化

　裁定制度の手続きを簡素化・適正化するために、文化庁長官による指定・登録を受けた民間機関が、利用者の窓口となって手続きを担うことができるようになりました。権利者不明の著作物の利用でユーザーが裁定の申請をする場合、これまでは、文化庁著作権課が窓口となっていました。しかし、今後、指定・登録を受けた民間機関が窓口になることで、ユーザー側の裁定制度の利用がより使いやすくなっていくことを目指しています。

　窓口組織は「指定補償金管理機関」と「登録確認機関」の2種類があり、「指定補償金管理機関」は、裁定制度により著作物等を利用する際の補償金及び担保金の受領を管理したり、補償金及び担保金を著作権者等に対して支払う業務を行ったり、著作物等の保護に関する事業並びに著作物等の利用の円滑化及び創作の振興に資する事業（著作物等保護利用円滑化事業）に関する業務を行ったりすることになります。「登録確認機関」では、裁定制度の申請

受付を行ったり、その申請が裁定制度の要件に該当するかを確認したり、使用料相当額の算出を行ったりします。

新たな裁定制度を利用できるケースの例：
・過去の作品をデジタルアーカイブにする際に、一部の著作権者が不明であることや連絡がつかないことなどにより、権利処理ができない場合
・WEBサイトに掲載されたアマチュア作家の創作したコンテンツを他の方が利用する際に、その作家に対して利用を申請する手段がなかったり、連絡しても返答がなかったりする場合
・一つの作品に複数の著作権者がおり、一部の権利者と連絡がとれない場合など

　新たな裁定制度は、著作権者等による「意思」の有無に着目していることから、著作権者等から申出があるまでの間の利用を可能とするとともに、著作権者等の意思を改めて確認する機会を確保するため、法律上、利用期間の上限を３年までと定めています。（３年を経過した後は再度申請することで更新が可能です。）

　制度の利用者は、利用する著作物等や利用方法に応じて、現行の裁定制度と新たな裁定制度、いずれの制度を利用するかを選択することができます。

◇損害賠償額の算定方法の見直し（海賊版被害等の実効的救済を図るため）
　海賊版サイトによる被害が深刻化している中、損害賠償請求をする側にとって、損害の立証が難しく、十分な賠償額が認められないなど、いわゆる「損害し得」な状況が生じやすいことが問題となっていました。

　そこで、著作権侵害に対する損害賠償請求訴訟において、著作権者等の立証負担の軽減を図るため、損害額の算定方法を見直すことになりました。

　この見直しによって、
・違法に販売された数量に基づき損害額を算出できる規定について、これまで損害額の算定から控除されていた著作権者等の販売能力を超える部分について、ライセンス料相当額の損害があるものとして損害額を算出できる
・裁判所によるライセンス料相当額の認定に当たり、一定の条件（利用期限や利用範囲等）の下で契約される一般的なライセンス料と比較して、著作

権侵害により何らの制約なく利用していることなどの点を増額要因として
考慮できることを明確化する
　等の規定が整備されました。
　　これにより、海賊版などの著作権侵害訴訟の場面で、権利者側の損害賠償
額がより実効的な金額となり、算定しやすくなることが目指されています。

◇立法・行政における著作物等の公衆送信等を可能とする措置
　　この他にも、
①立法又は行政の内部資料についてのクラウド利用等の公衆送信等
・立法又は行政の目的のために内部資料として必要と認められる場合には、
　必要な限度において、内部資料の利用者間に限って著作物等を公衆送信等
　できることとする
②特許審査等の行政手続等のための公衆送信等
・特許審査等の行政手続・行政審判手続について、デジタル化に対応し、必
　要と認められる限度において、著作物等を公衆送信等できることとする
などの改正も行われています。
　　なお、この令和5年改正著作権法の施行状況は、上記の**◇損害賠償額の算
定方法の見直し**と、**◇立法・行政における著作物等の公衆送信等を可能とす
る措置**については、令和6年1月1日に施行となりました。
　　◇著作物等の利用に関する新たな裁定制度の創設については、新しい制度
で民間機関などが登場してくるので、「公布日から3年を超えない範囲内で
政令で定める日」ということで準備が進められています。

9. 学校と著作権をめぐる変化 GIGA スクール構想

　平成30年からの著作権法の変化を見てきましたが、学校教育において最も大きな変化が、著作権法第35条の学校教育における例外規定が変わったことで、「授業目的公衆送信補償金制度」が創設されたことでしょう。

　従来、学校での著作物を扱う場面を例外として教育活動を行いやすくしてきていました。これまでの規定では、学校（教室）という場が定められていましたが、次第にネットワークが発展し、遠隔での共同授業が行われる時など、2つの教室を結ぶ場面も含まれるように改正されてきていました。

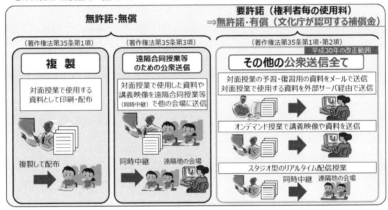

授業目的公衆送信補償金制度の概要（令和2年12月 文化庁）

　しかし、令和元年12月に「子供たち一人ひとりに個別最適化され、創造性を育む教育ICT 環境の実現に向けて ～令和時代のスタンダードとしての1人1台端末環境～」、いわゆる GIGA スクール構想が一斉に始まり、クラウドの利用が学校教育の前提となりました。この1年半前の平成30年6月に「政府情報システムにおけるクラウドサービスの利用に係る基本方針」が示され、政府はクラウドバイデフォルト（クラウドの利用を第1候補にする）という姿勢が示されています。これを受けて、文部科学省の「新時代の学び

を支える先端技術活用推進方策」でもクラウドを活用する方策が示され、それを受けての GIGA スクール構想でした。従来は校内の端末にソフトウェアが置かれ、校内に置かれたサーバにデータを置いて学習活動を進めてきていた（全て校内で行われていた）ため、従来の第 35 条では公衆送信の規定がありませんでした。授業が行われる場所から教材を外に出すことは、遠隔地との共同学習でしか認められていなかったのです。

　GIGA スクール構想で、クラウドを利用することが標準として示され、校内や端末内には教材やデータが置かれなくなっていく中で、学校教育活動を円滑に進めるために「著作権法の一部を改正する法律（平成 30 年法律第 30 号）」が 2018 年 5 月に公布されました。授業目的公衆送信補償金制度は、「3 年以内に導入」とされており、2021 年からの運用の準備が進んでいた中、新型コロナウィルスの蔓延防止のための全国一斉休校があって、まだ補償金の負担額や手続きなどの詳細が決まっていない中ではありましたが、2020 年度限りの特例として、補償金を無償として暫定的に制度が開始されました。

　この暫定的な授業目的公衆送信補償金制度の運用のおかげで、休校中やその後の学級や学年閉鎖の際に、クラウド上で課題や教材が配布されたり、WEB 会議システムで、クラスの友達とのコミュニケーションを児童生徒がオンラインで図ったりする姿が全国で見られました。

　次第に、日常的に端末を持ち帰り、学校でも、家庭でも、あるいはそれ以外の場所でも、場所を選ばない学びが展開されることが多くなりました。学校に登校できない時に、自宅などどこからでも、クラウド上に置かれたシステムや教材を利用して、教室の学びに参加しています。

　授業目的公衆送信補償金は、学校ではなく、学校設置者（教育委員会や学校法人）が支払っています。当初、自治体によってはこの制度を利用しなくても良いと考えているところもありましたが、GIGA スクール構想では、クラウド上のデータやシステムを使わない学びは考えられません。

　しかし、現在はまだ授業以外の場面での利用は検討中とされていることもあります。授業目的公衆送信補償金等管理協会では、関係者フォーラム等での協議が進められています。

10. 指導内容としての著作権

　学習指導要領の中には、著作権の指導が記述されている教科が多数あります。著作・引用についての記述があるものを、小学校から高等学校まで抜き出すと以下のようなものなどがあります。これを見ると、繰り返し指導の対象とされていることがわかると思います。これらは、教科等の指導の中での具体的な内容やその取扱いとして身につける場面が書かれていますが、ここで身につけたことが発揮される場面は、多様な教科に渡っています。

〰〰〰〰〰〰〰〰〰〰〰〰〰〰〰〰〰〰〰〰〰〰〰〰〰〰〰〰〰

（小学校　国語　3、4年）
・引用の仕方や出典の示し方、辞書や事典の使い方を理解し使うこと。
・記録や報告などの文章を読み、文章の一部を引用して、分かったことや考えたことを説明したり、意見を述べたりする活動。
・比較や分類の仕方、必要な語句などの書き留め方、引用の仕方や出典の示し方、辞書や事典の使い方を理解し使うこと。

（5、6年）
・引用したり、図表やグラフなどを用いたりして、自分の考えが伝わるように書き表し方を工夫すること。

（小学校　音楽）
・著作者の創造性を尊重する意識をもてるようにすること。

（中学校　国語　1年）
・引用の仕方や出典の示し方について理解を深め、それらを使うこと。
・本や資料から文章や図表などを引用して説明したり記録したりするなど、事実やそれを基に考えたことを書く活動。

（2年）
・詩歌や小説などを読み、引用して解説したり、考えたことなどを伝え合ったりする活動。

（3年　内容）
・長く親しまれている言葉や古典の一節を引用するなどして使うこと。
・表現の仕方を考えたり資料を適切に引用したりするなど、自分の考えが分かりやすく伝わる文章になるように工夫すること。

（中学校　音楽）

・自己や他者の著作物及びそれらの著作者の創造性を尊重する態度の形成を図るとともに、必要に応じて、音楽に関する知的財産権について触れるようにすること。

（中学校　技術）

・著作権を含めた知的財産権、発信した情報に対する責任、及び社会におけるサイバーセキュリティが重要であることについても扱うこと。

（高校　現代の国語）

・引用の仕方や出典の示し方、それらの必要性について理解を深め使うこと。

・論理的な文章や実用的な文章を読み、本文や資料を引用しながら、自分の意見や考えを論述する活動。

・論理的な文章や実用的な文章を読み、その内容や形式について、引用や要約などをしながら論述したり批評したりする活動。

（高校　音楽）

・自己や他者の著作物及びそれらの著作者の創造性を尊重する態度の形成を図るとともに、必要に応じて、音楽に関する知的財産権について触れるようにする。

（高校　書道）

・自己や他者の著作物及びそれらの著作者の創造性を尊重する態度の形成を図るとともに、必要に応じて、書に関する知的財産権について触れるようにする。

（高校　工業情報数理）

・個人のプライバシーや著作権など知的財産の保護、収集した情報の管理、受け手のことを想定した情報コンテンツの制作及び発信する情報に対する責任についても扱うこと。

（高校　家庭）

・個人のプライバシーや著作権など知的財産の保護、収集した情報の管理、発信する情報に対する責任などの情報モラル及び情報通信ネットワークにおけるセキュリティ管理の重要性を扱い、関連する法規等についても触れること。

これらの指導の内容は、教科書に取り上げられている時には、その教科の中で指導されています。その具体的な指導は、教科書に対応した指導書には資料が付随していますが、指導書がない場合は、その内容については、文化庁の指導資料や、情報モラル教材を使って指導していくことが必要です。

文化庁の「文化庁　著作権教育情報」

　　〈https://www.bunka.go.jp/seisaku/chosakuken/ 〉

著作権情報センター

　　〈https://www.cric.or.jp/education/index.html〉

文部科学省の「情報モラル学習サイト」

　　〈https://www.mext.go.jp/moral/#/〉

　には、教員向けの資料だけではなく、児童生徒が利用できる教材もありま
す。それぞれの教材等の生かし方が書かれています。文部科学省の情報モラ
ル学習サイトは問題を解きながら知識を確認し、補っていくことができるも
のです。

　こうした教材や資料を活用することで、著作権の知識や、引用の方法を学
べますが、実際の著作物を扱う場面で、活動に生かしていくことが欠かせま
せん。学校での授業の場面では、第35条の特例があり、引用をしなくても、
著作物を無許諾無償で利用することができます。しかし、授業の場面を離れ
て、学校のWEBページに学習成果の発表を行うような時には、引用として
調べた元の資料が提示されていないとなりません。また、授業の場面の中で
も、出典が明示されていることで、一緒に学習を進めている友達と確認をし
たり、さらに改善を進める時に関連しているWEBサイトからも情報を集め
なおしたりできるなど、活用に生かすことができます。著作物の扱いについ
て初めにきちんと学び、育成することで、その後の様々な場面で、著作物へ
の接し方、生かし方が発揮され、教科等の学びがさらに進むことが期待され
ています。

　こうした学習を通して、著作物を利用する立場での知識や考え方を身につ
けていくことが、自身の著作物についての著作権者としての意識を育ててい
くことにもつながっていきます。

11. 著作物の利用者として

　教育活動を進める中で著作物を利用する時にはどのような場面があるか、またその時にどのようにすればいいかを考えてみましょう。

◇複製をしないでそのまま利用する

　公開されている著作物を複製することなくそのまま利用するというのは、たとえば天気予報を閲覧する、あるいは視聴するというような場合が想定されます。著作権法では、公表するかどうかを決めるほか、複製することも著作権者の権利とされていますが、公開されていて複製しない場合は、著作権者の権利に触れることはないので、特に対応することなく利用できます。この著作物を、他の誰かに知らせるため、リンクの情報（URL）を知らせるのは、複製にはあたりません。

　では、この著作物がコンピュータのソフトウェアの場合はどうでしょうか。学習の中で、その場所までの行き方を調べるような場面では、特にコンピュータソフトウェアの複製をとったりすることはありません。制作会社のサーバ上にある状態のまま使えるように公開されており、複製ではなく公開されているものをそのまま利用していることになりますので、著作権者の権利を侵害するようなことはありません。

◇授業のためにコピーして利用する

　学校教育での著作物の利用は、従来第35条で無許諾無償で利用できるように配慮されていました。当初は、指導者が印刷して配布することを想定し、教育を担任する者だけが対象でしたが、現在は授業を受ける者も対象となっているので、授業の中での複製は子どもが調べ学習等で読み取った資料をコピーしてまとめる際などにも使うことができます。授業目的公衆送信補償金制度を利用することで、クラウド上におかれたデータをコピーしたり、クラウドにコピーしたものを置いたりすることも無許諾有償でできます。SARTRAS（授業目的公衆送信補償金等管理協会）に、補償金を支払っていることが前提です。また、補償金を分配するために、授業目的公衆送信でどのような著作物がどのくらい使われたかをサンプル方式での報告が求められ

ますので、その調査に協力することも大事です。

　学校教育での著作物の利用は無許諾無償、あるいは無許諾有償で利用できるのですが、無制限ではないことに注意が必要です。

1. 学校での非営利での利用であること
2. 授業の過程における利用であること
3. 教育を担任する者及び授業を受ける者がする利用であること
4. 必要と認められる限度であること
5. 公表されている著作物であること
6. 著作権者の利益を不当に害することがないこと

に当てはまる利用の中での話です。

　この6番目の「著作権者の利益を不当に害することがない」とは、たとえば、個々の学習者が購入することを前提としているドリルや資料集などの教材の場合、購入せずに使ってしまうと著作権者の利益を害することになってしまうので、認められない、ということです。ここでは、著作権者側が通常ならば受け取るであろう市場利益、経済的利益にどれだけの影響を与えるか、という観点が重要です。また、市販されているもののほとんど全部の部分をコピーしてしまうことも、購入への影響があるため、著作権者の利益を害すると考えられます。こうしたことがないように気をつけていれば、授業の中では無許諾で利用できることになります。

◇授業以外で子どもたちに配布する

　学習指導のための教材として詩を使ったり、音楽で歌声や演奏を録音して使ったりすることは授業の場面ですので第35条で無許諾での利用が認められています。しかし、授業から離れて、1年の終わりに、記念の品に詩を利用したり、歌声や演奏を録音したものをCDにして記念に配ることは認められないということになります。

　授業以外での配布は、無許諾ではできないので、許諾を得ることが必要です。許諾を得さえすれば、有償の場合は使用料を払うことになりますが、子どもたちに配布することができるようになります。また、子ども自身が作成した絵や文章など、著作者が子どもたち自身である場合も、自分の物なので

配布することはできます。子どもたちの文集であったり、作品集であったりする場合は、子どもたちが互いにみんなで持つことを承知していれば可能です。

だめなのは、著作者の許諾を得ない、無許諾での配布なのです。

◇学校の広報で利用する

学校からのお知らせを印刷した学校だよりや学校 WEB サイトで、保護者などに向けてお知らせをすることもよくあります。このようなケースでは、学校は無許諾で利用できるという著作権の例外規定は該当しません。JASRAC の運用規定によると、学校の校歌を学校 WEB サイトに掲載することは無償にできるとされていますが、これも無許諾ではなく、手続きが必要です。

学校だよりも同様です。雰囲気を伝えるためにイラストや写真を使うことがありますが、この時のイラストや写真も著作物に当たります。学校が撮った写真や描いたイラストであれば、著作者自身が使うのですから問題ありませんが、市販されていたり、インターネット上で公開されていたりするものを利用する場合には許諾が必要です。インターネット上に公開されていたり、購入したりしたものの場合、利用についての規定がある場合がありますので、その範囲内での利用ということになります。

授業以外での著作物の利用条件は、一般的な利用と同様になり、学校であっても特別ではありません。

◇保護者を対象に利用する

学校からの広報は、地域社会など多くの人に伝えるものですが、保護者限定であればどうでしょうか。保護者だけに配り、WEB サイトなどでは扱わないのであれば、イラストなどが入っていても良いのではないかとも思われるかもしれませんが、これも無許諾の利用が認められるわけではありません。

学校 WEB サイトのような不特定多数の閲覧者があるわけではなく、利用の範囲も「保護者」という限定的なものであることから、有償の場合の使用料などが変わることはあるかもしれませんが、大前提である「許諾を得る」

ということは欠かせません。どのような範囲で使うかを伝え、許諾を得ることで利用することができます。

授業参観に参加する保護者に対しては、改正著作権法第35条運用指針の中に、オンライン授業の場合には保護者は授業を支援するものと考えられるとあり、教室での授業についても教員が新聞などの著作物を掲載して作成したプレゼンテーション資料を参観している保護者に配布するなどのケースは「必要とされる限度内」とされているため利用が可能です。

◇校内の研修で利用する

職員の研修は授業以外の利用になりますので、第35条の適用とはなりません。新聞記事のコピーや、外部の研修で配布された資料をコピーして配布することなどはできませんが、大型提示装置（テレビやプロジェクター）でその記事そのものを映すのであれば、複製をしているのではないので利用できます。また、新聞の場合は新聞社、研修資料の場合は元の資料の著作者に利用許諾をとることで、校内の研修であってもコピーを配布することはできます。急を要する研修で許諾をとることが間に合わない場合は、元の資料そのものを皆で見るようにする形であれば、利用は可能です。

◇学校外の研修で利用する

校内の場合と、学校外の場合は異なることがあります。授業目的公衆送信補償金制度の運用規定では、「学校その他の教育機関」として、教育センター、教職員研修センターが該当するとされています。この教育センター、教職員研修センターは、授業目的公衆送信補償金制度の補償金を払うことで、学校と同様に著作物を利用して研修等ができます。研修を受ける人に対して、公表されている著作物を、研修の過程で、必要とされる限度内で、コピーを配布して研修をすることが可能です。

しかし、営利を目的としている研修などでは、無許諾でコピーして利用することはできませんので、許諾を得て、状況によっては有償で利用していくことになります。

12. 著作権者として発信する

　学校での取り組みを、広報誌や WEB サイトでお知らせする時には、自身が著作権者ともなります。著作権法では、登録や申請をすることは不要です。著作物を作成した瞬間から、もれなく著作権者となるのです。では、どのような点に注意して発信していけば良いのでしょう。

◇発信する情報に責任を持つ

　自分の作品に著作権があることを意識しておくことが大切です。その一つが著作権表示です。誰がいつ作ったかということで、例えば「Ⓒ　年　著作権者名」を作品に入れておくことです。これは、単に自身を主張するというだけではなく、責任を持っていることを明示することでもあります。

　発信するということの責任を持ち、自身の作品は他者の権利に触れていないということも確認していくことが欠かせません。自分の作品内で、他の方の著作物が使われているところがどこかをしっかり確認します。

　引用している部分がある時には、

　・公表されていること

　・公正な慣行にあっていること

　・引用部分が正当な範囲内であること

　・出所の明示

を改めて確かめます。

　作品の中の著作物への配慮だけではなく、著作隣接権も確認しましょう。その作品ができあがり、流通できるようになるまでの段階で関わっている人は誰がいたのか、適切に把握しておくことが著作物を発信する時には大切となってきます。

◇児童生徒への指導

　著作物は教師だけではなく、児童生徒も同じように作成し公開しています。以前は児童生徒が発表する場は限られていましたが、一人一台端末の環境での学習活動が多くなり、学校での学習活動の中でアウトプットが重視されるようになりました。アウトプットされたものは、動画、プレゼンテーション、音楽、文章、WEB サイト、プログラミングなど多様になってきています。

それを、児童生徒の手によって公開したり発表したりすることもたいへん多くなりました。

その時に、児童生徒にも上記のような著作権者としての意識を育てていく必要があります。

○発信することへの責任

授業の中でも指導されていることと思いますが、著作権者として、改めて責任があることを意識させていくことが欠かせません。公表をしないのであれば、そこまで意識せずに済ませていたかもしれない「他者の著作物を利用している部分」についても確認するように指導していくことが必要です。その時に、自身だけではなく、周囲の人にも見てもらい、複数の目でよりよいものに仕上げて発信していくことを確認するようにします。

指導の一つの方法として、情報モラルや著作権の教材を参考にしながら、それぞれの視点で著作物を見直してみる活動が有効です。人によって気になるポイントは異なるので、それぞれの意識がはたらきます。

○著作隣接権

児童生徒が創作した著作物の中にも、他の著作隣接権者の権利が含まれている場合があり得ます。たとえば、製作した動画コンテンツに市販の音楽CDの音源でBGMを付けるような場合、楽曲の作曲者、作詞者の権利処理とは別に、レコード製作者の許諾を得る必要があることを指導する必要があります。

○ SNS 等への投稿

学校での活動ではあまり見られなくても、児童生徒が日常的にSNSへの投稿をしている場合があります。年齢制限等があったり、学校の一人一台端末ではフィルタリングがあったりと、SNSへの投稿は誰もがしているわけではないのですが、中学・高校になると多くの生徒がSNSを利用しているという状況があります。

この時にも、著作権者としての意識を持たせていく必要があります。著作物を公表するということは、学習活動だけではなく、日常的な活動の中にあり、切り離すことはできないという感覚を持つことで、情報に対する責任を持つ姿勢を育てていくきっかけになります。また、SNSのリポスト、リプライ等の機能を安易に使うことで、結果的に他人の著作物をネット上に違法に拡散することに力を貸すことになる場合もあるので注意が必要です。

また、インターネット上に公開されたものは、半永久的に残り、消すことが難しいことも意識させたいところです。

SNSの場合には、特に肖像権への配慮も必要になってきます。著作物に責任を持つのと同時に、周囲の人の肖像権にも配慮していくことが、情報を発信するものの責任であることを意識させておきたいものです。

13. 教師が知っておくべき著作権関連事項の実際

◇**現場で使う法知識**

　学校においては、児童生徒の著作物を扱う時にも法知識は必要になります。児童生徒が著作者となる時には、その権利を尊重することが大切です。子どもだからということはなく、法の上では同じです。指導の上では、作品をよりよくするために指導助言をしますが、指導を受けて、その通りに作品に手を加えるかどうかは、子どもの意思ですので、指導者が直接手を加えることには注意が必要です。著作者である子どもの意思を尊重しなくてはなりません。作品募集に応募するかどうかも子どもの意思が尊重されます。しかし、未成年の場合は、子どもだけではなく保護者にも同意を得なくてはなりません。その手続きや方法については、著作権以外と同じように一般的な知識で考えなくてはなりません。教育委員会に、スクールロイヤー制度がある場合には、利用していくこともあります。

　著作権というと難しく考えてしまいがちですが、日常生活に密着したものです。著作権法の資料は文化庁の WEB サイト（https://www.bunka.go.jp/seisaku/chosakuken/）に掲載されています。今の課題や全体的なことを確認したいときには、毎年行われている著作権セミナーに参加するなどするといいでしょう。

（https://www.bunka.go.jp/seisaku/chosakuken/93903601.html）

　また、さまざまな著作権に関わる教材が文化庁の WEB サイトで公開されています。

(https://www.bunka.go.jp/seisaku/chosakuken/seidokaisetsu/)

　こうした情報をもとにして、不安な点、気になる点があるときは参考にしていくといいでしょう。

　また、実際に法に照らし合わせて判断された結果が判例として確認できます。（判例は権利の目的となることができない著作物（第13条第12項第3号）に該当しますので、参考にしたり複製したりすることもできます。ただ、第三者がデータベースとしている場合には、そのデータベースが著作物として権利の対象になりますので、公開されているデータベースやWEBサイトはそのまま読む時には問題ないのですが、評釈や文献情報を複製して利用する時などは注意してください。）判決文自体は著作権法の保護対象とならないものなので、自由にコピーできますので、裁判所のホームページの判例情報コーナー（裁判所 - Courts in Japan）（裁判例検索｜裁判所 - Courts in Japan）もお勧めできます。

◇手続きとしての側面

　作品展に出品する時など、児童生徒の著作物を扱う時に、必要な手続きが生じることがあります。手続きが書面で行われる場合には、保護者の同意・記入が必要になりますので、何のための手続きなのかを説明した上で記入を依頼することが必要です。また、募集要項をきちんと伝えた上で記入をしていただくことは欠かせません。応募作品が返却されないこともあるので、その規定をよく読み、きちんと説明できるようにしておくといいでしょう。

　自身が著作物を利用する立場になった時には、こうした法に照らし合わせた場合、第35条の適用で、無許諾無償であれば問題なく利用できます。また、授業目的公衆送信補償金制度での無許諾有償に該当すれば、特に手続きは発生しません。これらに該当せず、許諾が必要となる場合は、著作権処理の手続きが必要です。あるいは、著作権処理が必要か自分では判断できない時には、問い合わせをすることも必要です。

　著作物によって、手続きの進め方は異なります。初めに、利用する著作物と、利用の形態・数などを把握しておかないと問い合わせができません。問い合わせ先は、音楽、教科書、新聞、書籍など、対象によってそれぞれの管理団体がありますので、そこに問い合わせていくことから始まります。団体の窓口がわからない時には、その著作物を作成した著作者や、著作権者に確認することになります。オンラインでWEBサイトからメール等で問い合わせができる場合もありますし、電話の場合もあります。学校での休み時間に連絡をしたりするのは、オンラインでできると、相互に都合のいいタイミングでやりとりできます。実際の手続きは、口頭で済ませられることはほぼなく、何らかの形で書面での申請、許諾手続きが必要になるでしょう。使用料が生じる場合には、振り込み等で使用料が相手に届いてからの許諾になることもありますので、時間がかかることも考えられます。計画的に進めることが欠かせません。

　また、使用料が必要な場合は、そのお金をどの予算から出すのかも校内で相談していかなくてはなりません。学校の予算等はすぐに動かせない場合が多いので、早めに相談をしていくと良いでしょう。金額も著作権者や著作権団体によって大きく異なります。著作物を利用していく計画と共に、早めに

動いて著作物利用の手続きをしていくと良いでしょう。

　自身では著作権処理をすることが難しい場合には、著作権処理を専門にしている会社もあります。無料ではなく、有償での利用になりますが、依頼するという方法も含めて考えていくこともできます。

◇事例を参考にしながら

　授業の場面で、特別活動の場面で、校務で、研修と、学校での児童生徒の指導、日常的な校務など、さまざまな場面で私たちは著作物を扱っています。著作物を利用する時には、私たちは多くの場合、○か×かで利用するかしないかを決めてしまいがちですが、本当にそれでいいのでしょうか。著作権の目指しているところは、文化の伝達・発展・振興です。どのように著作物と接していけばいいのかを考えていきませんか。

　その具体的な事例や、考え方を書いているのがこの本です。全く同じ場面はなくても、類似した場面を探すと、参考になることがあります。

　また、第1章でも書いていますが、社会の変化の中で著作権法もどんどん変わっています。刑罰が変わることに目が向きがちな方は、なぜ刑罰が変化していくのか、ぜひ、その意味を考えてみましょう。基本的な考え方や大切なことは変わりません。

　これからの時代は答えのない社会で、誰かが全てを知っている世界ではありません。現在の学習指導要領は、答えのない社会で、未知の状況にも対応できる資質能力を育てていこうとしています。私たちも、子どもたちと同じように、未知のことに出会った時どう考えていくのか、それが大切です。

　基本となる知識や考え方はこの本にあります。ぜひ参考にしていただき、周囲の先生方と知恵を集めて、よりよい教育活動を進めていただければ幸いです。

　では、第2章から、具体的なケースを見ていきましょう。

第2章

著作物利用の実際

CASE1-1

学校（授業）で市販の参考書を
コピーして利用したい

Q：学校には、年度当初多くの出版社から「見本品」として
問題集や資料集などが配布されてきます。これらを児童生
徒分印刷し、授業に利用してもよいでしょうか？

A：**いけません。** 教材品は、必要部数を購入することが求めら
れています。

■なぜダメなのでしょう？　第35条（学校その他の教育機
関における複製等）には、「教育を担任する者及び授業を受
ける者は、その授業の過程における利用に供することを目
的とする場合には、㈱ 著作物を複製㈱ することができる。」
とあります。授業を実施するためであれば、どのようなものであっても
複製することができるのではないのですか？

□ちがいます。第35条には「ただし、㈱ 著作権者の利益
を不当に害することとなる場合は、この限りでない。」とあ
ります。著作権法は、著作権者の利益、つまり知的財産等
を守るための法律ですので、権利者等に不利益を与える行
為は認めていません。**「見本品」** だからといって、どのように利用（複製）
してもよいというわけではないのです。

解説❶ **教材品をコピーしてはいけない理由と「どうすればいいか？」**
　学校に見本として送られてくる教材は、学校直販教材と言って、
教材会社などが、児童生徒が「一人一冊購入する」ことを前提として販
売しているものです。つまり、無断で複製して利用してしまうと、それ

が著作権者（教材会社）の利益を不当に害することにつながってしまうため、複製利用ができないのです。

このような場合、著作権者の利益を不当に害しないためには、授業に参加する児童生徒数分（必要な冊数）を購入しなければなりません。

解説❷ 人数分購入した教材をコピーして利用することはできる？

授業では、基礎知識等を身につけさせるため、全員分購入したドリルや問題集を二度、三度とコピーして、児童生徒にくり返し学習させることがあります。では、このような場合も「著作権者の利益を不当に害する」ことになるのでしょうか？

著作権法は著作権者の利益を守ることが目的です。この場合、全員分を購入し、著作権者に相応の対価を支払っているのですから、著作権者に不利益を与えているとはいえません。書店などで市販品を購入した人が購入した本を何度コピーしてもなんの問題も生じないのと同じように、**人数分購入したうえであれば、児童生徒が個人的に何度コピーをしてもよいのです。**

解説❸ 1冊だけ購入した教材をコピーして利用することはできる？

第35条の「教育を担任する者及び授業を受ける者は、その授業の過程における利用に供することを目的とする場合には、（略）著作物を複製（略）することができる。」が適用されるのではないか？ と思われるかもしれませんが、**ちがいます。**

この場合、著作権者に支払っている対価は1冊分です。参考書の一部（グラフや表など）を利用する場合などは第35条の授業の過程においては認められているとしても、丸ごと1冊をコピーすることや、1ページ分をそのまま学級の人数分印刷して配布することは、著作権者の利益を不当に害する行為となってしまうため、認められません。

解説④ 「著作権者の利益を不当に害する」とはどのような行為なの？

　著作権の教育利用に関する関係者フォーラムが示した「改正著作権法第35条運用指針」(215ページ参照)には、「著作権者の利益を不当に害することとなる場合」に該当する例として、「授業を行う上で、教員等や児童・生徒が通常購入し、提供の契約をし、又は貸与を受けて利用する著作物について、購入等の代替となるような態様で、複製や公衆送信すること」とした上で、該当する著作物の例に、「教師用指導書、参考書、資料集、問題集、ドリル、ワークブック、テスト・ペーパー、授業で教材として使われる楽譜、副読本、教育用映像ソフト」を挙げています。

　つまり、市販されている書籍といえども、児童生徒が個人個人で購入して利用することを想定しているものは、著作権者の利益を不当に害するため、コピーしてはならないことになります。

・・・・・・・・・・・・・・ **まとめ** ・・・・・・・・・・・・・・

著作権者の不利益になることはできない ので、

⇨学校直販教材は、児童生徒数分の購入が必要。

⇨児童生徒数分購入した教材であれば、コピーしてくり返し学習するのは構わない。

⇨市販の教材を1冊だけ買ってコピーはできない。

ここに注意！

　「児童生徒数分購入した教材であれば、コピーしてくり返し学習するのは構わない」のですが、この場合、購入者は児童生徒となりますので、教員が代理的にコピーをする場合は、第35条の規定にある「授業の過程の範囲内」でなければならないことに気をつけましょう。

CASE1-2

授業でCMやポスターを利用したい

Q：テレビCMや街頭のポスターを素材に、プロの表現技術を読み解いたり、自分たちでCMやポスターを作成したりする学習活動で、著作物を利用することはできるでしょうか？

A：可能ですが、利用のしかたによって手続きが異なります。

■では、授業の中で、CMやポスターを集めて表現の工夫などの読み解きをする場合はどうでしょうか？

□まず、テレビCMやポスターは、その制作者の著作物です。また、そこに人物が登場する場合は、その人物の肖像を勝手に使うことはできません。特に、CMやポスターに登場する人物は、その肖像自体が経済的な価値をもっている場合がほとんどです。また、CMは音楽を利用していることが多く、その音楽も作詞家・作曲家・編曲家などの人々の著作物です。

ただ、それを踏まえても、授業の中で利用する場合は、指導する教師が集めても、児童生徒が集めても、第35条（学校その他の教育機関における複製等）の規定により、可能です。そして、複製したり実物を提示したりして、その内容についてメモをとったり、批評を加えたり、書き込みをしたりすることもできます。

解説① **CMやポスターを利用して児童生徒が発表する場合は？**

「授業内で発表する場合」と「WEB上に公開したりする場合」の2つのケースが考えられます。

まず、授業の中で発表する場合は、CMを流したり、ポスターを提示したりして、その内容について調べたことや考えたことを伝え合うことは可能です。それが学級の中でも学年内であっても、校内で授業の過程の一環として行われるものであれば問題はありません。

　次に、学習の成果をホームページに公開したり、コンクール等で発表したりする場合です。この場合は、たとえ授業の過程の中で作成されたものであっても、第35条の教育利用とすることはできません。「授業目的の公衆送信」にあてはまらないので、SARTRASに補償金を支払っていたとしても、別途、著作権者の許諾が必要になると考えられます。

解説❷ **学習の成果を発表するには、具体的にはどうすれば？**

　2つのパターンが考えられます。

A：著作権者の許諾を得る

　CMやポスターは、様々な著作権が関連しているので、直接はそのメーカーに問い合わせ、許諾を得ることになります。しかし、多くの人が関連している場合には、簡単には許諾を得ることができません。

　また、許諾を得る際には、利用目的をはっきりさせて許諾をとる必要があり、その範囲内でしか利用できません。コンクール参加の目的で許諾をとり、それを根拠にホームページに掲載する、などということはできないということです。

B：著作権法第32条による引用として使う

　引用は、発表の内容に著作物を引用する必然性があるときに、必要な範囲で行うことができます。この時に、「主」となるのは学習活動の中で出てきた児童生徒の考えであり、引用するCMやポスターはそれを説明するための「従」となる資料であるという、「主従」の関係がきちんとしていることが欠かせません。また、本文と引用部分とをきちんと明瞭に区別すること、第48条にある「出所の明示」が必要となります。

解説❸ **指導教師が児童生徒の成果物を研究会で発表する場合は？**

　指導教師が研究会などで実践報告を発表する場合は、児童生徒自

身による外部への公開時以上に注意が必要です。なぜなら、児童生徒が学習活動の中で作成したものは、児童生徒の著作物であるからです。研究会等の外部へ発表する場合は、前記の **A**、**B** のように児童生徒自身が公開する際にとった手続きと同じ手続きをとり、さらに、児童生徒およびその保護者に対して許諾を得るか、引用として児童生徒の著作物を取り上げるという方法をとらなければなりません。

・・・・・・・・・・・・ まとめ ・・・・・・・・・・・・

CM やポスターを利用する には、

⇨授業の中での複製は可能である。

⇨成果物を外部へ公開するには著作権者の許諾、または「引用」であることが必要。

⇨教師が研究会等で実践報告する際に成果物を利用するには、CM やポスターの著作権者の許諾の他に、児童生徒および保護者の許諾、または「引用」であることが必要。

ここに注意！

　音楽の著作物の「引用」の要件には、特定の小節数、秒数、文字数などは規定されていません。特に「音楽」の著作物の場合、4 小節程度だからとか、10 秒程度だからとか、単に「短いフレーズだから」という理由で「引用」が成り立つとは考えにくく、より一層の注意が必要です。楽曲の部分的な利用と、著作権法で定められている「引用」とは別の事項として慎重に考えてください。

WEB上の画像・動画を利用したい

Q：WEB上に公開されている情報を、教材の作成や児童生徒が資料を作成する際に利用したいのですが、どのようなことに注意すればよいでしょうか？

A：授業での利用と、それ以外を明確に区別しましょう。授業での利用であれば、基本的に問題ありません。

■教員が、児童生徒が授業で利用する教材を作る場合、WEB上の関連するホームページなどから、有名な風景写真や文章などをコピー＆ペーストして利用するのは問題ないのでしょうか？

□第35条（学校その他の教育機関における複製等）では、「教育を担任する者及び授業を受ける者は、(略)著作物を複製(略)することができる。」とされていますので、**要件**（13ページ参照）**さえ満たしていれば、教材作成の材料として利用すること**ができます。たとえ、複製しようとするものがホームページのデータであっても、本の1ページであっても、どのような媒体であろうと同じです。

解説❶ 同じような方法でプリントを作成し、児童生徒に参考資料として配布する場合は？

　同じように、要件（13ページ参照）さえ満たしていれば問題なく利用することができます。

　ただし、利用しようとするホームページが企業のものであり、そのホ

ームページに「写真や文章等のデータを無断で利用することを禁ずる」等の記述がある場合については、著作権者に連絡を取り、複製の了解を得るようにするとよいでしょう。

解説❷ 教員ではなく、児童生徒が学習資料や学習記録を作成する場合は？

教員が授業で利用する学習資料を作成する場合と同様に、**児童生徒も授業を受ける者として、学習資料を作成するための複製ができます。**そのため、要件を満たしていれば、教員の場合と同様に、児童生徒も問題なく WEB 上の著作物を利用することができます。

解説❸ 児童生徒が作成した学習資料や学習記録を、学校の WEB サイトや SNS 上に掲載し、一般に公開するのは？

この場合、児童生徒本人が作成した資料であり、かつ、その資料を教員ではなく児童生徒本人が WEB 上に掲載したとしても、複製した学習資料や学習記録を一般に公開することは、第35条の「授業の過程」には入らないため、**もとの利用著作物の著作者の許諾が必要となります。**なぜなら、第23条（公衆送信権等）に、「著作者は、その著作物について、公衆送信（略）を行う権利を専有する。」とあり、著作物そのものを複製して WEB 上に公開することは、著作者の権利の侵害となってしまうからです。

WEB 上に公開されたものは、誰でも見ることができるばかりか、見た人が再度の複製をすることが可能であるため、無断で公開することは利用した他人の著作物の著作権者に対する権利侵害になります。

解説❹ そうなると、WEB 上の記述を利用した学習記録等を公開するには、著作権者の許諾を得るしか方法はない？

「引用」することで公開が可能です。ただし、「引用」の際には、本文と引用部分との主従関係や、必然性、混然一体とならず本文と引用部分

が明瞭に区別されていること、出典（ホームページの URL など、ホームページのアドレス）や、著作権者名の明示など、「引用」としての要件を満たすことが必要となります。

・・・・・・・・・・・・・・ **まとめ** ・・・・・・・・・・・・・・

WEB 上の画像や動画、文章などを利用する には、

⇨第 35 条の要件を満たせば、教員の場合も、児童生徒の場合も授業の中での複製は可能である。

⇨第 35 条の要件を満たせば、作成したプリントなどを児童生徒に配布することもできる。

作成した学習資料などを WEB 上に掲載する には、

⇨著作権者の公衆送信権を侵害する場合があるので、許諾が必要。

⇨ただし、第 32 条の要件を満たして「引用」することはできる。（要件は 18 ページ参照）

ここに注意！

WEB 上の情報には、真偽の怪しいものが混ざっています。また、すでに WEB 上に公開されている画像や文章自体が無断転載であって、別に著作権者が存在するようなケースも散見されます。WEB 上の著作物は、特に「真贋を見極める」ことが求められると言えるでしょう。

市販のパズルや玩具を使って授業をしたい

Q：算数や数学の授業で、知育的な玩具や、雑貨店で購入した商品を使いたいのですが、著作権法上の問題はありますか？

A：知育玩具など、市販されている商品を授業で使うことは、その商品と利用方法によって、著作権の観点からは問題がない場合と問題が生じる場合とがあります。

■知育玩具も含めて、一般に売っている「商品」は、著作権の対象にはならないのですか？

□第２条第１項第１号（定義）では、「著作物」とは、「思想又は感情を創作的に表現したものであつて、文芸、学術、美術又は音楽の範囲に属するものをいう。」とされています。

一般に、大量生産され、市販されている知育玩具や一般的な商品、つまり「実用品」は、その商品の実用的機能から離れて美的鑑賞性が認められるようなものを除いて、通常は**著作物ではないとされているため、著作権法の保護対象とはならず、授業で使うことは問題がない**ことになります。

ただし、「商品」の中でも、美術工芸品（伝統工芸の茶碗、花瓶、櫛、七宝焼のブローチ、仏壇等）は法律の明文で「著作物」として保護されています（著作権法第２条第２項参照）。また、中には市場に流通する「商品」であっても、商品としての実用的機能を併せ持っていることとは別に、美的鑑賞性が認められるような場合（「応用美術」）は、著作物として著作権法の保護対象としている判例もあるので、個別の検討が必要で一律に保護されないとはいえません。

解説① **では、著作権のある「著作物」とはどんなものをいうの？**

「著作物」とは、「思想又は感情を創作的に表現したものであつて、文芸、学術、美術又は音楽の範囲に属するもの」(著作権法第2条第1項第1号)と規定されています。

著作物の代表例として著作権法に「例示」されているものは以下の通りです (著作権法第10条第1項)。

・言語の著作物：文字や言葉として表現されるもの

　小説、脚本、台本、作文、レポート、記事、論文、学会資料、講演会の発言など

・音楽の著作物：音楽的なもの

　楽曲、作詞の付いた歌など

・舞踊又は無言劇の著作物：

　ダンス、バレエの振付、パントマイムなど

・美術の著作物：美術的な絵や形等で表現されるもの

　絵画、彫刻、漫画、習字、版画など

・建築の著作物：

　芸術的な建築物（一般住宅のような建築物は除く）

・地図・図形の著作物：

　地図、学術的な図面、設計図、模型など

・映画の著作物：

　劇場用映画、テレビドラマ、アニメ、ゲームソフトの映像など

・写真の著作物：

　写真、グラビアなど

・プログラムの著作物：

　コンピュータプログラム、ゲームソフト、スマホアプリなど

が、「著作物」とされています。

また、これはあくまで例示なので、上記のどれかに当てはまらないものでも、「思想又は感情の創作的表現」であれば、「著作物」として保護されているものは世の中にたくさんあります。

解説② 🐰 個人向けに販売されている商品を授業で使うのは問題あり？

個人向け商品か、業務用など企業向け商品かで、著作権法上の扱いに違いはありません。消費者は、一般に販売されている商品を購入した時点で、すでにその商品を自由に使うことができます（ただし、安全上等の問題がある使い方の場合は、この限りではありません）。商品の使用方法に従った用法である限り、個人宅で使っても学校で使っても問題はありません。

ただし、57ページに示したとおり、美術工芸品や、「応用美術」の中で保護対象と評価されるものには注意が必要です。

解説③ 🐰 でも知育玩具は、「アイデア」が売りになっているけれど……

独特のアイデアに基づいて製作され、そのアイデアを売りとしている知育玩具があります。その玩具を一つだけ購入し、授業に利用することは、「アイデア」を販売者が想定している以上に大きく利用しているように感じられて、どこかモヤモヤする……、ということかと思います。しかし、使用方法や「アイデア」の部分については、著作権の保護対象ではなく、「特許権」や「実用新案」「意匠権」の対象範囲となります。

この場合、「アイデア」を盗用するわけでもなく、市販された商品を購入し使用しているだけですので、権利者の財産を侵害していることにもなりません。問題なく利用できます。

解説④ 🐰 「実用品」は著作権の対象外である、という判例はあるの？

「『ファービー』のデザインは美術の著作物に該当しない」と判断された事例（仙台高等裁判所平成14年7月9日判決・平成13年（う）第177号・判例時報1813号150頁）があります。ファービーは、アメリカで誕生し、日本のタカラトミーが販売した電子玩具です。このファービーに非常によく似た玩具をつくり、山形県内で販売した企業とその役員が起訴された刑事事件です。

この判決では、

・当該商品が著作権法の対象となる「美術的な形等」で表現されてい

ないこと。
　・大量生産された「実用品」は、本来意匠法による保護の対象となる
　　べきものであること。
などを主な理由として、裁判所は、ファービーは「著作物」ではないと
判断し、ファービーに似せた形の人形を製作販売した企業に対する、検
察側の著作権侵害の訴えは斥けられました。
　他にも、「実用品」の著作物性を否定した判例として、「ニーチェア事件」
（最高裁平成 3 年 3 月 28 日判決・平成 2 年（オ）第 706 号　別冊ジュリスト 128 号
30 頁）、「つつみ人形事件」（仙台地裁平成 20 年 1 月 31 日・平成 15 年（ワ）第
683 号・判例タイムズ 1299 号 283 頁）、「エジソンのお箸事件」（知財高裁平成
28 年 10 月 13 日判決・平成 28 年（ネ）第 10059 号）等があります。
　他方、「商品」、「実用品」等でも、「著作物」として認めた事例として
は、「博多人形事件」（長崎地裁昭和 48 年 2 月 7 日決定・昭和 47 年（ヨ）第 53
号　無体財産権関係民事・行政裁判例集 5 巻 1 号 18 頁）、「仏壇彫刻事件」（神戸地
裁昭和 54 年 7 月 9 日判決・昭和 49 年（ワ）第 291 号　無体財産権関係民事・行政裁
判例集 11 巻 2 号 371 頁）、「チョコエッグ事件」の妖怪フィギュア（大阪高
裁平成 17 年 7 月 28 日判決・平成 16（ネ）第 3893 号 別冊ジュリスト）、幼児椅
子の「TRIPPTRAPP 事件」（知財高判平成 27 年 4 月 14 日・平成 26 年（ネ）
第 10063 号 別冊ジュリスト著作権判例百選［第 6 版］）などがあります。

・・・・・・・・・・・・・ まとめ ・・・・・・・・・・・・・

市販の商品や知育玩具 は、

⇨ 「著作物」に当たるか否かは個別の検討が必要。通常は授業で商品を利用すること自体に問題はないが、商品の写真を撮ってネットにアップロード等の行為をすると個別のケースでは著作権侵害が問題になる場合もある。

⇨ 「大量生産された実用品」であっても、一律に著作権の対象外と決めつけないこと。

ここに注意！

　「アイデア」は著作権の保護対象にはなりません。著作権法は、「表現されたもの」を保護対象としているため、「アイデア」「思想」「感情」などを保護しているわけではないからです。つまり、「思っていた」だけではダメで、何らかの形で「アイデアを形にする」ことで、はじめて著作権が発生することになります。

授業でテレビ番組などの動画コンテンツを利用したい

Q：テレビ番組などの著作物を、録画（複製）して授業に利用することはできるでしょうか？

A：可能です。
ですが、利用の仕方、利用する場面に注意しましょう。

■テレビ番組を録画するのは、著作権法上ではどのような行為に当たるのでしょうか？

□テレビ番組を個人的に視聴する目的で録画（複製）すること自体にはなんら問題はありません。第30条（私的使用のための複製）に、「個人的に又は家庭内その他これに準ずる限られた範囲内において（略）複製することができる。」と明記され、**個人が楽しむための録画（複製）をしてもよいことになっている**からです。しかし、授業で使用する目的で録画（複製）する場合は、この第30条（私的使用のための複製）には該当せず目的外使用となり（著作権法第49条第1項第1号「複製物の目的外使用等」）、授業で利用するに際し、第35条（学校その他の教育機関における複製等）の要件の範囲内にあることが必要となってきます。

解説① 授業で利用する場合も「私的使用」にあたるの？

授業で利用する場合は、個人的に楽しむために複製するわけではないので、第30条による複製は認められません。しかし、第35条（学校その他の教育機関における複製等）により「学校その他の教育機関（略）において（略）公表された著作物を複製（略）することができる。」とされているので、**授業を担任する教員が、複製した著作物をその授業の中**

で利用することは著作権侵害を主張できない「権利制限」として認められています。

解説❷ 授業のために録画したテレビ番組などをライブラリー化して、複数の教員で利用したり、動画の貸し借りをしたりして学習資料を共有する場合は？

第 35 条に基づいて著作物を利用するには、以下のような要件があります。

1. 学校その他の教育機関であること。
   ……文部科学省が教育機関として定めているところであること。また、社会教育機関では、学校と同等の年間教育計画を有するところ。
2. 営利を目的としない機関であること。
   ……予備校や私塾、カルチャースクールなどは対象外です。
3. 教育を担任する者及び授業を受ける者が録画すること。
   ……授業を担任する者が自身の担任する授業のために複製すること。
4. 授業もしくは授業の過程における利用であること。
5. 必要と認められる限度であること。
6. 利用の態様が著作権者の利益を不当に害することとなる場合でないこと。
7. 利用する対象物が公表された著作物であること。
   （テレビ番組や、市販されている CD、DVD などは一般に公表されていると言えます）

ライブラリー化やデータベース化して共有するような場合は、上の条件 3.「教育を担任する者が自身の担任する授業のために」を満たさず、個々の教員が授業で使うとしても上記 6.「利用の態様が著作権者の利益を不当に害することとなる場合」に当たる可能性が高く、認められません。校内でのライブラリー化、データベース化は基本的に許されないと考えてください。ただし、「授業を担任する者が自身の授業の中で利用する場合」であれば認められるので、他の教員が複製したものを、個別に自身の授業に利用するために、複製物をさらに必要な限度で（上記 5.）複製することは認められることになります。

解説❸ 文化祭や保護者会などの場面で、体育館等に集まった人々に対して、録画（複製）した動画を見せる場合は？

まず、授業や学校行事、文化祭などで児童生徒に録画を見せる場合です。第35条で認められている授業には、「授業や学校の教育計画に基づいて行われる課外活動」とあるので、文化祭など児童生徒が主体となって実施される学校行事も授業の範疇に含まれます。そのため、この場合は**著作物の利用が認められます。**

　一方で、保護者会など、対象となるのが児童生徒ではない場合ですが、この場合は、第35条の「授業」に該当しないので、同条によって上映できるとは言えません。ただし、**①非営利、②入場無料、③無報酬の行事で、④公開済みの動画の場合は、例外的に第38条（営利を目的としない上演等）で録画した動画を上映することが認められています。**

・・・・・・・・・・・・・・ まとめ ・・・・・・・・・・・・・・

一般に公表された動画などを授業で利用する には、

⇨授業の中での複製・利用は可能である。

⇨ただし、アーカイブ化して教員間で共有するようなことは認められない。

一般に公表された動画などを学校行事で利用する には、

⇨授業の範疇に含まれる行事なら、利用可能。

⇨保護者会などでも、別途、第38条の要件を満たせば利用可能。

ここに注意！

　第35条で複製が許されているのは「教育を担任する者」なので、授業を持たない学校長は対象外となります。また、「学校その他の教育機関」には教育委員会は入りませんので、指導主事等が、研究会などで録画を利用することはできません。ただし、いずれの場合も「引用」は可能ですので、本書の「引用（18ページ）」を参考にしてください。

フリー素材を利用したい

Q：市販されているものや、WEB上のコンテンツに、「著作権フリー」のものがありますが、これはどんなふうに使っても構わないということでしょうか？

A：「著作権フリー」は、「著作権を放棄する」という意味ではないので、**できることとできないことがあります。**

■よく「著作権フリー」のイラスト素材を利用して、学級通信や学年だよりなどを作っています。問題ありませんか？

□多くの場合「著作権フリー」とは、「著作権は放棄しないけれど、利用は自由にどうぞ」ということを指します。第63条第1項（著作物の利用の許諾）では、「著作権者は、他人に対し、その著作物の利用を許諾することができる。」とあり、「許諾を得た者は、その許諾に係る利用方法及び条件の範囲内において、その許諾に係る著作物を利用することができる」（同条第2項）と規定されています。著作権者が「自由に利用していいよ」と許諾したものが「著作権フリー」の素材だと考えることができるでしょう。**つまり、「利用はご自由にどうぞ」ということですが、第2項にあるように、利用に際しての条件（作者名の表示、バナー表示等）が示されている場合は、その条件の範囲内で学級通信などで利用する必要があります。**「フリー素材」といっても果たして本当にフリーなのか、どこまでフリーなのかをよく確認する必要があるということです。

実際、「学校だより」の作成で、フリー素材を検索して利用したところ、著作権者から侵害を主張されて教育委員会が賠償金を支払った事例もあり、写真を販売している業者が、自社写真を無断で利用していた被告に対して損害賠償等を求めた裁判で、たとえ写真素材がフリーサイトから

入手されたものだったとしても被告は責任を免れないとして、約20万円の損害賠償の支払いを命じた判例もあります（東京地裁平成27年4月15日判決・平成26（ワ）24391号）。

解説❶　「著作権フリー」の素材なら、部分的に形を変えたり、組み合わせたりしても構わない？

だめです。ここで問題になるのは「フリー」という言葉です。これは前に述べたように「著作権を放棄する」という意味ではありませんので、勝手に内容や形を変えて利用することはできません。勝手な内容の改変は、翻案権（第27条）侵害や、著作者人格権の「同一性保持権」（第20条第1項）などを侵すことにもつながりかねません。

ただし、授業の過程で教員や生徒が必要な限度で変形等を行う場合は（第35条の要件の範囲内）、「翻案（変形）」（第27条）も行ってよいこととなっており、明文の規定があります（第47条の6第1項第1号）。

解説❷　第35条を根拠に、市販のイラスト集を1冊購入し、それをコピーして利用するのは？

利用のしかたに気をつけましょう。第35条（学校その他の教育機関における複製等）では、学校の授業の過程における利用であれば、教師や児童生徒自身が必要最小限の複製をすることが許されていますが、**学級通信や学年だよりの作成といった校務に該当する場合は、複製を認めていません**。また、「著作権者の利益を不当に害することとなる場合」は、この限りではないとしていますので、1冊のイラスト集を購入して、多くの教師が使いまわすことが妥当かについては、否定的に考える必要があるでしょう。

多くの場合、イラスト集などの書籍には、使用説明の中に「ただし書き」があります。例えば、

　小社では、小社の著作物であるイラスト集からのイラスト使用について、著作権フリーという立場をとっていません。（略）社内報やプライベートの使用については、この限りではありません。　などです。

つまり「ただし書き」にそった利用については、著作権上の問題は発生しないことになります。

解説③ 「ただし書き」にそっていれば絶対に大丈夫？

必ずしもそうとは言い切れません。イラスト集等の「ただし書き」にそった利用方法であったとしても、研究発表資料などの「有償で配布する文書」に掲載する場合は、利用制限がある場合がありますので、注意が必要です。

判断に迷った場合は、使用説明書等の、著作権に関する情報のページをよく読み、それでもわからない場合は発売元の企業に問い合わせて確認することをお勧めします。

・・・・・・・・・・ まとめ ・・・・・・・・・・

「著作権フリー」 とは、
⇨「著作権を放棄している」わけではない。
⇨そのため、自由に改変したり、再配布したりすることは基本的にできない。ただし、授業の場面では OK。
イラスト集のイラストを利用する には、
⇨授業の範疇に含まれる行事なら、利用可能。
⇨学級通信などの授業以外の利用の場合は、使用説明書等に記述がなければ許諾なしで利用はできない。
⇨利用方法については、「ただし書き」を確認。

ここに注意！

著作権とは、著作物ができれば、登録などを必要とせず、自然発生し、著作権法によって保護されるものです。「著作権フリー」をうたっていても、その利用条件や利用範囲に注意する必要があります。また、著作者人格権はゆるぎなく存在するため、勝手に改変したり、「これは自分の作品です」と偽ったりはできないことを意識しましょう。

授業で音源を利用したい

Q：総合的な学習の時間に調査したことを、動画（ショートムービー）にまとめようとしています。市販の音楽CDの曲をBGMとして利用してもよいでしょうか？

A：利用することができます。授業で利用する場合は、許諾は必要ありません。

■映像にBGM（音源）が入ると、見ている人に楽しんでもらえる作品を作ることができそうです。せっかくなので、できた作品を学校のホームページ等にアップして、学校以外の人にも見てもらうことはできますか？

□**それはいけません。**総合的な学習の時間のように、授業であれば「学校その他の教育機関における複製」に関する第35条の権利制限が適用され、音楽CDの音源を利用して動画の作品を作ることができます。また、できあがった作品をコピーして児童生徒が鑑賞し合うことも可能です。しかし、市販の音源が含まれている動画の作品を、「学校のホームページにアップロードする」「コンテストに応募する」「記念として保護者に配る」などを行うことは、授業の範囲を超えるため、権利者の許諾が必要になります。また、BGMをつけた作品を学校のホームページ等にアップするには、楽曲の権利者（作曲者、作詞者）だけでなく、著作隣接権者（レコード製作者等）の許諾も別途必要となります。

解説① 音源をオンライン授業で利用することはできる？

2020年4月に施行された「著作権法の一部を改正する法律」により、教育機関の授業の過程における公衆送信の著作権が権利制限の対象となっています。この場合、著作物に限定はないので、音楽や映画の

ように音源が含まれるものも対象となり、**許諾は必要ありません**。しかし、授業の内容に関係がないのに、学習者を楽しませる目的で音楽を公衆送信することなど、授業の過程なのか、単に娯楽のためなのか曖昧な場合には注意が必要です。著作権者の利益を不当に害することがないように慎重に判断してください。

解説 ② いくつかの音楽を繋ぎ合わせて（編集して）授業で使うことはできる？

いくつかの音楽を繋ぎ合わせて編曲するのは、著作権法では「翻案（編曲）」（第27条）に当たります。しかし、第47条の6第1項第1号では、第35条による教育機関の授業の過程による利用の場合は、「翻訳、編曲、変形又は翻案」ができるとしています。したがって、授業の過程で利用する場合は、音楽を「編曲」「変形」することが認められています。

他方、著作者人格権の第20条第1項（同一性保持権）では、「著作者は、その著作物及びその題号の同一性を保持する権利を有し、その意に反してこれらの変更、切除その他の改変を受けないものとする。」とあり、同条第2項第1号には第35条があがっていません。同項第4号に「やむを得ない改変」は認められていますが、著作物の一部のみを切り出すときは、「同一性保持権」に抵触する恐れがあり、注意が必要です。

解説 ③ 全校児童生徒がいつでも聞けるように、音楽をクラウド・サーバ等に保存しておくことはできる？

「改正著作権法第35条運用指針」初等中等教育における特別活動に関する追補版によると、授業における音楽の「ライブ配信」は無許諾でできますが、オンデマンド型コンテンツ（教材）として、いつでも視聴できるようにサーバ・ストレージ等に保存しておくことは、「権利者の利益を不当に害する行為」に当たり、「逐一、権利者に許諾を取る必要がある」と説明されています。

また、そのようなクラウド・サーバを用意して全校児童生徒での利用は、授業での利用範囲を超えるため、教育機関によるインターネット上の利用に関する権利制限の対象外となります。作詞・作曲家については

音楽著作権の管理事業者に、実演家・レコード製作者についてはレコード会社等に連絡し、許諾を得てください。

解説 ④ 著作権がない、パブリックドメインって何？

著作権が消滅していることで、著作権処理の必要がない楽曲その他の著作物を、「パブリックドメイン」と言います。以下の条件で楽曲を利用する際は、使用許諾を取らなくても問題ありません。

・著作者の死去後 70 年を経過している
・昔から歌い継がれてきた伝承音楽や民謡など、著作者が不明又は存在しない
・著作権フリーとして提供されている

ただし、楽曲がパブリックドメインでも、クラシック音楽 CD のように、レコード製作者、実演家等の著作隣接権者の権利は別途、権利処理が必要です。

・・・・・・・・・ **まとめ** ・・・・・・・・・

授業の課程で、動画（ショートムービー）等の作品を作るために市販の音源を利用することができる。

⇨「インターネットにアップロードする」「コンテストに応募する」「記念として保護者に配る」などは、許諾が必要。

⇨音源をオンライン授業（公衆送信）で利用できる。

⇨授業の過程で音楽を「編曲」「変形」することができる。ただし、著作者人格権（同一性保持権）にも配慮することは別。

ここに注意！

動画（ショートムービー）を制作する際に、パブリックドメインの曲を使えば、授業の過程外での利用も、楽曲としては可能になります。しかし、作曲者の死去後 70 年を経過していなかったり、著作権フリーのサイトに音源ごとに許諾が必要なものがあったりする場合には注意しましょう。さらに、CD 等の音源を使う場合は、別途著作隣接権者の許諾をとる必要があります。

音源の「買取」と「サブスク」

◇皆さんは音楽をどのようなメディアで購入していますか？　以前はオーディオレコード（CD、アナログディスク、カセットテープなど）でしたが、今ではこれらを目にする機会が減りました。日本レコード協会のデータでは、生産実績枚数で2014年に1700万枚あったものが2023年には1100万枚と大幅に減っています。(https://www.riaj.or.jp/　一般社団法人 日本レコード協会　2024年6月5日閲覧)

　それに代わって配信が増え、2014年に4.5億円だったものが2023年には11.5億円と、この10年間で2倍以上になりました。その中でもダウンロードは3分の1に減り、ストリーミングが30倍に増えています。(https://www.riaj.or.jp/　一般社団法人 日本レコード協会　2024年6月5日閲覧)

　レコードやCDのような物（有体物）として購入する「買取」で所有する形式から、「サブスクリプション」へと変わってきたのです。サブスクリプションとは、毎月や毎年などと定期的な支払いをすることで、利用権を購入し、音楽を所有せずに、インターネットなどでアクセスして配信される音楽を聴くことができるものです。

　そのために、演奏家、作詞者、作曲家、レコード製作者、消費者という関係も変わり、買取の時は、売れた数で収益を分配していたものが、サブスクリプションでは、ストリーミングされた回数で収益を分配することになりました。そのため、膨大な数の音楽や、さらに同じ楽曲でも演奏者が異なる場合の管理も必要になりました。ダウンロードして購入したものを聞く形だと再生回数の確認が難しいですが、ストリーミングでインターネットを通して配信する場合は利用の状況が把握しやすいことなどもあり、利用者側にとっても、いつでも利用しやすい形になってきています。

◇音楽をコピーすることはこれまでも著作権者の許諾が必要でした。しかし、学校では第35条での例外があるために、購入したCDからコピーして授業や行事で使うことが一般的に行われてきました。しかし、サブスクリプション

になってからは、ダウンロードができなくなっていたり、利用規定で制限されたりしていますので、これまでの「買取」の時のような使い方はできなくなっています。

例）

・本サービスとコンテンツの利用は、個人利用および非商用利用のみに限られます（Apple メディアサービス利用規約）

・お客様が本規約（その他の適用される契約条件を含む）を遵守することを条件として、弊社は、Spotify サービスおよび本コンテンツを個人利用および非商業利用することができる、限定的、非独占的、取消可能な許可（以下総称して「アクセス」）をお客様に付与します。（略）お客様は、Spotify サービスまたは本コンテンツを再配布または転送しないことに同意します。（Spotify 利用規約　2024.4.18 現在）

　利用しているサービスの利用規定を確認することが大事です。

◇この「サブスクリプション」での利用については、個人を対象としている場合は個人の利用に対しての課金であり、学校等の組織での利用とは大きく異なります。個人向けの市販のドリルを、教師が購入して、学級の子どもみんなで使うというような場合と同じように「著作権者の利益を不当に害する」こととなることが想定されるため、個人でのサブスクリプションの利用規定を尊重することが望ましいと考えられます。

　自治体等で支払いの方法がないからという理由で、個人でのサブスクリプション契約を学校等で使うことはできません。利用する側の都合だけで決めてしまうことなく、著作権者の側の立場も尊重して、話し合いを経て運用規定が作成されてきています。社会の変化の中で著作物の扱いも変化してきています。この後、サブスクリプションの利用規約も見直されていくでしょう。最新の情報を得て、それに基づいて行動することが欠かせません。

コラム 2 音源の所有権

　ここでは、学校にある音源について、学習者である児童生徒に所有権がある場合と、学校の教員に所有権がある場合について整理します。

■学習者（児童生徒）の著作権

　第22条（上演権及び演奏権）には、「著作者は、その著作物を、公衆に直接見せ又は聞かせることを目的として（以下「公に」という。）上演し、又は演奏する権利を専有する。」とあります。上演や演奏が行われる著作物の中で、児童生徒が学校等で行うことが想定される音源の含まれる表現活動としては、演じる、演奏する、歌う、朗読するなどがあります。著作権は、作品（著作物）を創作した者に対して認められる権利であり、表現に創作者の創意工夫があればよく、芸術的、学術的又は経済的な価値があるかどうかは問われません。つまり、児童生徒が音楽や国語の授業の時間に作った作品にも著作権がありますので、それを表現した音源を含む作品を、著作権者である児童生徒の許諾なく上演・演奏することはできません。

　また、著作物として保護されるためには、「固定」（録音、録画、印刷など）されている必要はありません。児童生徒が「国語の時間に原稿なしで話したスピーチ」や「音楽の授業に即興で歌った歌」等についても保護の対象となります。したがって、音源が含まれるこれらの作品を、学校ホームページ等で公開するような場合にも、児童生徒の許諾を得ることが必要となります。また、授業時間に市販の音源（音楽CD等）を流して児童生徒が歌った録音・録画などを学校ホームページ等で公開する場合には、市販の音源（音楽CD等）の著作権、著作隣接権の権利処理も必要となります。

■学校（法人）の著作権

　第2条第1項第2号では、著作者は「著作物を創作する者をいう。」とあり、法律で「自然人」と言われる「個人」が権利を持つだけでなく、「会社や学校などの団体」が著作者となる場合もあります。

第15条（職務上作成する著作物の著作者）には、「法人その他使用者（以下この条において「法人等」という。）の発意に基づきその法人等の業務に従事する者が職務上作成する著作物（プログラムの著作物を除く。）で、その法人等が自己の著作の名義の下に公表するものの著作者は、その作成の時における契約、勤務規則その他に別段の定めがない限り、その法人等とする。」とあります。これは、法人著作とか職務著作と言われ、学校の発意に基づいて創作された著作物が該当します。たとえば、「教員が学校の発意によって創立記念日に作った楽曲」や「運動会のために作った応援歌」のようなものの場合、教員個人が楽曲の作曲者として表示され、学校との間で教員に著作権が帰属する合意がある場合は教員個人が著作者・著作権者となりますが、学校名義で公表されるような場合は、通常、法人著作となりますので、著作物と、それを演奏した音源についても学校が権利を有することになります。したがって、このような学校現場で作成された著作物は、個々のケースごとに学校に権利が帰属するのか、教員個人に権利が帰属するのか、双方の認識を共通にしておく必要があります。

　以下が「職務著作」の成立要件となります。
1．法人等の発意に基づいて作成されるもの
2．法人等の業務に従事する者により作成されるもの
3．法人等の従業者の職務上作成されるもの
4．法人等の著作名義の下に公表されるもの
5．法人内部の契約、勤務規則等に、従業者を著作者とするなどの別段の定めがないこと

CASE1-8

授業で「Google Maps」や海外の WEB 上のコンテンツを利用したい

Q：学校で行う学習発表会の案内を作ろうとしています。学校の場所がわかるように Google Maps の画像をそのまま切り取って、ホームページに利用してもよいでしょうか？

A：いけません。 Google Maps の利用規約にある氏名表示の条件に従うことが必要になります。

■地図なのに、なぜダメなのでしょう？　第２条第１項第１号には、著作物とは、「思想又は感情を創作的に表現したものであつて、文芸、学術、美術又は音楽の範囲に属するもの」とあります。地図はもともと存在しているものを表しただけで、創作的に表現したものとは言えないのではないでしょうか？

□**ちがいます。** 第10条（著作物の例示）には、「地図又は学術的な性質を有する図面、図表、模型その他の図形の著作物」とあり、地図も著作物に該当することが示されています。したがって、Google Maps の地図も著作物であり、著作権で保護されます。したがって、第35条の授業目的の範囲内の利用であれば地図の複製、公衆送信はできることになりますが、第35条でカバーしていない著作者人格権（著作権法第19条第１項：氏名表示権）については、法律で出所の明示が要求されているほか（著作権法第48条第１項第３号）、権利者である Google の意思に反した利用はできないのです。

解説① どうしたら、ホームページで Google Maps の画像を利用することができるの？

2017 年の報道で、ある県が公開していたホームページで、著作権侵

害の恐れのある地図の掲載があったと発表されました。違反のあったとされる2県の掲載件数は、合わせて1192件にも上り、Googleや国土地理院といった地図情報提供者の利用規約に違反していたことが指摘されています。他県のホームページでも、Google Mapsを利用した地図を目にすることはあるのに、この2県は、どこに問題があったのでしょう。

　Googleは、利用規約を次のように定めています。

「利用規約とこれらのガイドラインに従い、適切に帰属表示を行っている限り、プロジェクトを自由に進めることができます。」

「Googleマップ、Google Earth、ストリートビューのコンテンツを使用する場合は必ず、Googleおよび該当する場合はデータ プロバイダへの帰属表示を行う必要があります。」

(https://about.google/brand-resource-center/products-and-services/geo-guidelines/#required-attribution　Google利用規約　2024年5月30日閲覧)

　つまり、利用規約で定められている適正な表示がされていなければ利用規約違反となりますが、反対に、権利帰属を明確に表示することで、利用することができるようになるのです。これは著作権法の観点からいえば、第19条第1項の「氏名表示」に当たります。要するに、地図のような著作物も第35条の学校の授業の範囲内に収まる利用で必要限度の利用であれば複製、公衆送信はできるものの、上記のとおり、第35条は著作者人格権をカバーしていないので、第48条や地図の権利者の示した利用条件に従う必要があるわけです。

◇◇

解説② 海外のコンテンツを自由に利用することはできる？

　世界はグローバル化されており、著作物は、国境を越えて利用されることがあります。そのため、世界各国は国際条約を結んで、著作物を相互に保護していることから、外国の著作物も保護される対象となります。

　GIGAスクール構想で1人1台端末が整備されたことにより、児童生徒でも海外のWEB上のコンテンツを利用する機会が増えてきました。利用する際には、利用規定を確認することが必要となります。例えば、児童生徒がよく利用しているプログラミング言語の『Scratch』は、基本的に無料で利用することができます。『Scratch』によって作った作品

は「著作物」となり、作品を作った人が「著作者」となり、そのうえで、「すでに発表されている作品をアレンジしたい場合は、必ずリミックスを行ってからする」「作品を共有するときは、メモと作品への貢献へ適切な内容を記入しないといけない」などのルールが設定されています。児童生徒が WEB 上のコンテンツを利用する際にも、コンテンツごとに定められているルールを確認してから利用させる必要があります。

・・・・・・・・・・・ **まとめ** ・・・・・・・・・・・

授業で Google Maps や海外の WEB 上のコンテンツを用する際には、第 35 条の要件に該当する範囲内であれば、複製・公衆送信ができる。ただし、著作者人格権の氏名表示（出所明示）については利用規定に従うことが必要。

⇨ホームページで Google Maps の画像を利用する際には、権利帰属を明確に表示する。

⇨ Scratch は、すでに発表されている著作物をアレンジしたり、共有したりする時のルールがある。

ここに注意！

　Google Maps の画像の公開は、第 35 条の要件内であれば複製、公衆送信は可能です。しかし、コンテンツの帰属表示（著作者人格権の氏名表示）については、利用規約にしたがってください。また、他の地図アプリのなかには、クレジット表記すれば、自由にコピー、配布、送信、利用することができるものもあります。それぞれの利用規約を確認して上手に利用しましょう。

学校外との遠隔授業で利用できる資料は？

Q：他の学校の教室との合同授業や欠席した児童が家庭等から参加したり、専門家が学校の外から参加したりする遠隔授業では、通常の教室での利用と同じように、著作物を使った資料を配信したりできますか？

A：はい、授業の中であれば無許諾でできます。ただし、同時に行われるのか、課題として出しておいて違う時に取り組むのかで**無償の場合と有償の場合があります。**

■著作権法第35条は、教室の中の授業でということが条件になっているのではないでしょうか。教室の外とつなげて配信しても問題ないのですか？

□平成30年に著作権法が改正され、授業目的公衆送信補償金制度ができたことで、授業であれば教室と同じように教育を行う者（先生）も、授業を受ける者（児童生徒）も利用できるようになりました。ただし、これまでの第35条と同じように、授業の過程で必要と認められる限度内で、著作者の不利益にならない範囲での配信であることは変わりません。また、授業以外では、許諾を得る必要があります。

解説① 教育の情報化が進む中で、クラウド環境を利用した著作物である教材や資料のやり取りを前提とする授業に変わってきています。

　これまでは授業は教室の中（あるいは学校の中）で行われるものでしたので、教室の外での利用は想定されていませんでした。また、教室の外での利用は公衆送信にあたり、著作権法第23条に「著作者は、その著作物について、公衆送信（自動公衆送信の場合にあつては、送信可能化を含む。）を行う権利を専有する。」と著作者の権利とされていました。

一方、平成30年の改正前の第35条は「公表された著作物を複製することができる。」とされていましたので、学校では、主体的・対話的で深い学び（アクティブ・ラーニング）の視点からの授業改善の中で反転学習のようなブレンド型学習に取り組んだり、少人数の学級をつなぐ遠隔合同授業や、学校の外にいる専門家に授業に参加していただいたりするなど、教室での対面授業だけが適用され無許諾無償での利用ができていました。改正では「公表された著作物を複製し、若しくは公衆送信（略）を行い、又は公表された著作物であつて公衆送信されるものを受信装置を用いて公に伝達することができる。」となり、教室内に限らず、授業の中では利用できるようになりました。

　当初、授業目的公衆送信補償金制度は2021年（令和3年）からの施行で準備してきていたところ、一斉休校で児童生徒が登校できない状況が生じ、2020年（令和2年）4月に、令和2年限りは特例的に無償とすることで前倒しして施行されていましたが、令和3年度からは本格的運用が始まり、教育機関設置者が補償金を支払っています。小学校から大学までそれぞれで、学びを止めないためのオンライン授業が行われ、その後も、悪天候など様々な理由で登校できない状況でオンラインでの授業参加が行われているほか、端末の持ち帰りなどで教室にとどまらない学びが進んできています。

解説❷ 授業や利用の形態により、無許諾であっても有償の場合と無償の場合があります。

　2つの教室をつないで同時に生徒が受講する遠隔合同授業や、同一の構内で中心となる主会場と離れたところにある副会場をつなぐ遠隔授業を行ういずれの場合も、送信と受信が同時に行われている場合には無許諾無償で利用できます（第35条第3項）。ただし、授業の送信と受信が同時に行われている場合でも、いわゆるスタジオ型遠隔授業（ライブ配信型授業：配信会場に生徒がいない）の場合は無許諾で利用できますが補償金の支払いが必要です（同条第2項）。また、異時配信になるオンデマンド型遠隔授業（録画配信型授業）の場合ももちろん無許諾で利用できますが、有償です。

　教師が著作物を含む課題を出し、児童生徒が自宅やそれぞれのタイミ

ングでその課題に取り組んだり、著作物を含む提出物を作成したりする時には無許諾ですが有償になるのが授業目的公衆送信補償金制度です。

以下のような事例があります。

- ・教科書の挿絵を使ったワークシートをクラウド上のサーバにアップロードする。
- ・説明する資料に教科書や出版物から抜き出した図表や文章をプレゼンテーションソフトにまとめクラウドサーバを通じて児童生徒に利用させる。
- ・自宅で予習するための資料として、教科書や書籍・写真・絵等からの資料をクラウド上のサーバに保存する。
- ・運動会のダンスの先生が踊った振り付けを、クラウド上のサーバに置き、子どもが家でもこの動画を見て練習する。
- ・絵本の読み聞かせを、インターネットを通じてリアルタイムで実施する。

SARTRAS の運用ガイドラインに、できること、できないことの事例があり、ガイドラインの検討も行われていますので参照してください。

・・・・・・・・・・・・・・ **まとめ** ・・・・・・・・・・・・・・

遠隔授業で利用できる資料 は、

⇨授業目的公衆送信補償金制度により教室での授業と同じように無許諾で利用できる。

⇨送信と受信が同時に行われるリアルタイムの授業での著作物を含む形の資料の利用は、遠隔の合同授業の場合は無償でできるが、リアルタイムのスタジオ型遠隔授業は有償である。

⇨教師が著作物を含む課題を出し、それぞれのタイミングで取り組む資料の利用は有償でできる。児童生徒が、著作物を利用することも同様に有償でできる。

ここに注意！

オンラインでも授業目的公衆送信補償金制度で有償で利用できますが、公衆送信であっても、教室での利用と同様に無制限に可能なわけではなく、著作権者の利益を害することがないようにしなくてはならないのは、教室での第35条に沿った利用と同じです。

CASE1-10
家庭等にいる児童生徒が
オンライン授業で参加したい

Q：オンライン授業においても、学校での授業と同じように、教科書の写真や音楽などを利用したいと思います。これらの著作物を利用しても良いのでしょうか？

A：利用できます。個別の許諾を要することなく、インターネット経由で教材を送ること（公衆送信）ができます。

■いつから利用できるようになったのでしょう？　第35条（学校その他の教育機関における複製等）では、以前から新聞のコピーやテレビ番組の録画などの複製はできましたが、インターネット経由の利用に関することは定められていなかったのではないですか？

□はい、その通りです。学校の授業の過程における資料のインターネット送信については、従来は個別に権利者の許諾を得る必要がありました。しかし、オンライン授業が増えるなかで、これまでの著作権法では対応しきれないことが出てきました。そこで、著作権法が改正され、オンライン授業を実施する上での課題を解消するために「授業目的公衆送信補償金制度」が作られました。新型コロナウイルス感染症に伴うオンライン授業のニーズに対応するため、当初の予定を早め、2020年4月28日から施行されています。詳しくは、**第1章 概論**を参照してください。この制度のおかげで、オンライン授業を行う際にも個別の許諾を要することなく、様々な著作物を、より円滑に利用した授業ができるようになったのです。

解説① 🐰 公衆送信で許諾を取らなくても良い条件とは？

公衆送信とは、放送、有線放送、インターネット送信（サーバへ保存するなどしてインターネットを通して送信できる状態にすること「送信可能化」を含む）その他の方法により、不特定の者または特定多数の者に送信することです。学校では、オンライン授業やクラウド・サーバなどへのアップロード、ホームページへの掲載など、インターネット経由でコンテンツを送ることが公衆送信に該当します。送信については、教師から児童生徒へだけでなく、児童生徒から教師への送信も対象となります。

先に述べたように、オンライン教育の促進を目的に、著作権法が改正されましたが、許諾を得ずに公衆送信ができるのは、第35条第1項に定める要件の範囲内であり、以下の6つの要件を全て満たすことが必要となります。

・非営利の教育機関であること
・授業の過程の利用であること
・教育を担任する者または授業を受ける者がする利用であること
・必要と認められる限度であること
・公表された著作物であること
・著作権者の利益を不当に害することがないこと

解説② 🐰 人数分購入したドリルを、オンライン授業で共有できる？

補償金の支払いにより、オンラインであっても授業として認められる範囲であれば、著作物を許諾なく利用することができるようになりました。しかし、「著作権者の利益を不当に害することとなる場合」は、許諾なく利用することはできません。この場合は、すでに全員が購入しているドリルなどの印刷物を、オンライン授業の際に画面で確認するために使うのであれば、**著作権者の利益を不当に害することにはならないので、問題はありません。**

なお、デジタル教科書については、指導者用デジタル教科書は指導用教材の一種となりますので、オンライン授業でも利用することができます。学習者用デジタル教科書は、ドリルと同様に児童生徒分を購入していれば利用できます。

解説③ 🐰 **教科書の写真をサーバ・ストレージ等にアップロードできる？**

　オンライン授業には、家庭等にいる児童生徒と学校等にいる教師がオンラインで授業をするスタジオ型のリアルタイム配信授業のほかに、オンデマンド型の授業があります。オンデマンド型授業とは、インターネット上に予め配信されている学習資源（教材）を、児童生徒が好きな時間にアクセスして進める学習方法を言います。この場合、児童生徒がいつでも資料や動画などを利用できるように、教科書の写真や音楽、動画などをサーバ・ストレージ等に保存しておくことになります。このようなオンデマンド型についても、「公衆送信」に含まれますので、補償金の支払いにより、許諾なく利用することができるのです。

・・・・・・・・・・・ まとめ ・・・・・・・・・・・

著作権法の改正により、公衆送信は個別の許諾を要することなく著作物を利用できる。

⇨「著作権者の利益を不当に害することとなる場合」は、許諾が必要。

⇨人数分購入したドリル等であれば、画面共有して構わない。

⇨オンデマンド型の公衆送信でも、サーバ・ストレージ等に学習資材をアップロードして利用できる。

ここに注意！

　オンライン授業でドリルを画面共有できるのは、ドリルを購入した児童生徒のみとなります。また、サーバ・ストレージ等でのデータ公開については、授業に参加する児童生徒のみがアクセスできるように設定する必要があります。「著作権者の利益を不当に害する」ことなく、「授業の過程の範囲内」でオンライン授業を行いましょう。

オンライン授業の
「リアルタイム」と「オンデマンド」

　オンライン授業には、ライブ中継される授業を視聴する「リアルタイム」のものと、あらかじめ録画された授業のビデオを遠隔地の学習者が視聴するものがあります。後者は、学習者が要求してビデオ動画の配信を受けることから「オンデマンド」と呼ばれます。

　オンライン授業は、授業の公衆送信にあたりますが、教材などの著作物を公衆送信することについて、平成30年改正前の著作権法では、対面授業の「複製」と遠隔合同授業の「複製」、「公衆送信」だけは許諾不要でしたが、それ以外の「リアルタイム」配信や「オンデマンド」配信は別途許諾が必要とされていました。

　これには次のような理由がありました。

　平成15年の著作権法改正により、著作権法第35条の「教育機関における複製」の場合について、「教育を担任する者」だけでなく「授業を受ける者」も複製できるようになりましたが、同時に、インターネットやLANを利用した授業の実施に対応するため、教室で対面授業を受ける生徒がいることを前提に、遠隔地で同時に授業を受ける者に対して同時中継する遠隔合同授業の場合に限って著作物を公衆送信することが可能となりました。これは著作権者の許諾を得ることなく無償で行うことができるものです。つまり、教室の対面授業と同時の「リアルタイム」のオンライン授業の公衆送信は、無許諾・無償で行えるようになっていました。

　しかし、「オンデマンド」の公衆送信の場合は、著作物をビデオ録画などの形で複製し、サーバに蓄積することとなります。こうなると、想定外に長期間記録保存されたりして著作権者の権利が不当に害されるおそれがあることから、「オンデマンド」での著作物の公衆送信については「著作者の許諾が必要」とされていました。

　同様に、教師がスタジオにいて目の前に児童生徒がおらず、ネットを介してライブ配信を受講させるスタジオ型の遠隔授業の場合も、遠隔合同授業とはいえないので、「リアルタイム」の配信であっても著作者の許諾が必要で

した。

　ところが、授業の都度に、あらかじめ著作物の公衆送信について権利者から許諾を得るのでは、インターネットや ICT を活用した授業を円滑に実施することができません。そこで、平成 30 年の著作権法改正で、授業目的公衆送信補償金制度が創設され、補償金という形で著作権者等の正当な利益の保護とのバランスを図ることを前提に、遠隔合同授業以外での公衆送信についても無許諾で行うことが可能となったのです。

　具体的には、授業目的公衆送信補償金等管理協会（SARTRAS）を通じて学校設置者が補償金を支払うことで、授業の「オンデマンド」公衆送信やライブ配信のスタジオ型の遠隔授業を無許諾・有補償（補償金）で行えるようになったということです。

　まとめると、改正後の現行法では、教室の対面授業も、遠隔の合同授業も、スタジオ型（ライブ配信）遠隔授業も、オンデマンド型遠隔授業も、すべて無許諾で複製、公衆送信が行えます。ただし、無償なのは教室の対面授業の複製、受信コンテンツの視聴、遠隔合同授業で、それ以外は有償ということです（対面授業において公衆送信を行う場合も有償）。

　SARTRAS に補償金制度の利用登録をした学校は、授業で、予習・復習用に教師が他人の著作物を用いて作成した教材を生徒の端末に送信したり、サーバにアップロードしたりすることなど、授業の過程で著作物を利用するために必要な公衆送信を、いちいち著作権者等の許諾を得ることなく行うことができます。

　授業目的公衆送信補償金制度による著作物利用の詳細は、著作物の教育利用に関する関係者フォーラムがまとめた「改正著作権法第 35 条運用指針」（https://forum.sartras.or.jp/info/005/）を参照すると良いでしょう。（本書 215 ページにも掲載）

試験問題として著作物を利用したい

Q：試験問題を作成するときに、書籍や新聞などから掲載することはできるでしょうか？

A：**事前の許諾なく利用することができます**。ただし、対価が必要な場合があります。また著作者人格権への配慮も必要です。

■試験ですから、問題がもれないように、事前の使用許諾が不要なのはありがたいですが、どのような条件があるのでしょうか？

□一口に「試験問題」といっても試験の種類は色々で個別に考える必要があります。授業中の小テストやドリル、単元テストや中間テスト・期末テストは授業の過程で実施されるテストですので、著作権法第35条（学校その他の教育機関における複製等）に該当し無許諾無償で著作物を利用することができます。第35条が適用されない場合、つまり、入学試験、資格試験、検定、入社試験などの試験問題は、第36条（試験問題としての複製等）により事前の許諾なしで著作物を利用できます。試験問題に掲載できる著作物については以下のような要件があります。

●公表された著作物であること　※未公表のものは勝手に利用できません
●入学試験その他、人の学識技能に関する試験又は検定であること
●試験の目的上必要と認められる範囲内であること
　※単なる装飾の目的でイラストなどを無断利用することはできません
●複製または公衆送信で利用すること
●著作権者の利益を不当に害することとならない場合であること
●必要に応じて翻訳して利用できます（第47条の6第1項第2号）
●出所の明示をすること（第48条第1項第3号）
　※試験問題として許諾を得ずに利用できる場合であっても、第48条（出所の明示）は適

用されるので、著名な作品の題名や作者名を問題とする場合を除き、出所の明示の慣行に従った表示が必要です。

●著作者人格権に配慮すること

※著作者人格権（第18条公表権・第19条氏名表示権・第20条同一性保持権）への配慮も必要で、著作者の意に反するような改変はしてはいけません。これについて、教科書などでは学校教育の目的上やむを得ないと認められる用字・用語の変更を行うことができますが、たとえば、結論を変えるとか登場人物の性格を変えるというような変更はできません。

●営利目的の場合は対価が必要

※業者による模擬試験のように営利目的（試験をすることで利益を得る）の場合は、無償では利用できず、通常の使用料の額に相当する補償金を支払わなければならないことが第36条第2項に記されています。著作権が管理委託されている作品の場合は、著作権管理団体を通じて補償金支払いの手続きができる場合があります。

解説 ① CBT での問題作成にはどのような注意事項がある？

CBT（Computer Based Testing）はコンピュータを利用して実施する試験方式のことです。CBT の試験問題はデータとしてファイルサーバに複製保存され、通信回線を通じて配信されることから公衆送信という形態での著作物利用となります。第36条では複製と同様に公衆送信での利用も認められているので基本的には条件は一緒ですが、営利目的の場合には使用料（補償金）が公衆送信の場合は異なることがあることに注意が必要です。

マルチメディアに対応した CBT では試験問題に音楽や映像を用いる場合も考えられます。それぞれ音楽の著作物、映画の著作物を公衆送信として利用することになるので、紙の上での複製とは異なり、音源の演奏者などの実演（著作隣接権）への配慮も求められます。著作権法第102条（著作隣接権の制限）において第35条・第36条の規定が著作隣接権に準用されていますので（同条第1項）、基本的には第35条・第36条の条件と同じと考えて良いでしょう。

なお、いわゆるフリー素材を用いる場合であっても、どこまでの利用がフリーなのかそれぞれの著作者が掲示した利用条件を慎重に確認してから利用するようにしましょう。

解説 2 ほかの試験問題を複製利用したいときは？

　授業の過程で使用する小テストや単元テストなどの問題は第35条の範囲で無許諾利用できますが、入試問題などではそうはいきません。

　他校の入試問題を複製利用するケースはあまりないとは思いますが、第36条の範囲で無許諾利用することができます。ただし、第36条では、営利を目的とする場合は通常の使用料の額に相当する額の補償金を支払う必要があります。学校の入試自体は営利目的ではないので、検定料などで実費を徴収するとしても著作権法上の営利目的行為ではありませんが、過去問の問題集を販売するような場合は、「入試問題」としての利用ではないので、別途、権利者の許諾が必要です。また、他人が作成した試験問題には、さらに別の人の著作物が素材として使われているかもしれません。そうなると、第36条による複製に伴い補償金を支払う必要がある場合には、その素材の著作権者にも連絡を取る必要が生じます。

　ほかの試験問題を参考として、一部を改変して利用するケースもあると思いますが、一部の数字を変更しただけなど、オリジナルの創作性が残っている場合には著作物の複製と解釈するべきです。また、第36条第1項の「入試や検定問題等」の要件に従った利用の場合は、「翻訳」のみが認められていて、翻案や変形はできないので注意してください。翻案したい場合は別途許諾が必要です（第47条の6第1項第2号）。

　他方、数学や理科などの文章問題で、教科書の練習問題や問題集で一定の出題形式がパターン化しているようなものや、事実を表現しただけの図表・グラフなどには創作性がなく著作物とはいえないため、その問題の複製や二次利用は自由に行えると考えて良いでしょう。

・・・・・・・・・ まとめ ・・・・・・・・・

試験問題といっても様々 で、

⇨授業の過程で使用するものは第35条の範囲で利用できる。また、第32条「引用」の範囲で済む場合もある。

⇨入試問題などは授業の過程とは言えず、第36条の適用を受けて、無許諾で著作物を複製・公衆送信することができる。しかし、営利目的となる場合は補償金が必要。

CASE1-12

試験問題の二次利用の申し出があった

Q：出版社から、入試問題集として発行する書籍に本校の入試問題を掲載したいとの申し出がありました。どのように対応すればよいのでしょうか？

A：入試問題が著作物であるかどうか、もし著作物である場合に、学校が著作者・著作権者であるか、他人の著作物が利用されているかどうかを検討します。学校が著作権者である場合は、出版社に条件を示して利用の許諾をするかしないかを判断します。他人の著作物が利用されている場合は、出版社がそれぞれの著作権者から許諾を得ることを条件として、学校として試験問題の掲載許諾を与えるなどの配慮をしましょう。

■入試問題に他人の著作物を利用することに許諾はいりませんが、その問題を出版するなど二次利用する場合はどうなるのでしょうか。

□第32条（引用）の場合、第36条（試験問題としての複製等）の場合など、著作権者の許諾なしに複製された著作物は、第47条の7（複製権の制限により作成された複製物の譲渡）で、その複製物の譲渡によって公衆に提供することができます。それには、利用目的を問わず譲渡できる場合と、利用目的によって譲渡できる場合とがあります。

　第36条により試験問題として複製した著作物を、学校が出版社に譲渡すること自体には問題がありませんが、それを出版などの形で二次利用することは第36条や第47条の7の範囲外です。出版社などは、問題に利用された著作物について、著作権者から使用許諾を得なければなりません。

解説① 試験問題が著作物でないというのは、どのような場合ですか？

著作物は「思想又は感情を創作的に表現したものであつて、文芸、学術、美術又は音楽の範囲に属するもの」（著作権法第2条）である必要があります。これに該当しないものには「著作物性」がありません。

単純な数式を解く問題や、漢字の読み・書き取りの問題、英単語の過去形を書かせるような問題では著作物とは認められません。

ただし、著作物とは認められないものであっても、それを素材として、素材の選択や配列によって創作性を有するものであれば、全体として編集著作物と考えることができる場合があります。例えば、都道府県名を素材として作ったクロスワードパズルのようなものには著作物性があります。

また、出題者が記述した問題文や説明文が言語の著作物として、説明図が絵画の著作物として著作物性を有する場合もあります。

解説② 学校が独自に入試問題集を作る場合はどうなのでしょうか？

自分自身が著作権者である著作物を利用して、学校が問題集を出版したりホームページに掲載したりすることは自由にできますが、入試問題に他人の著作物が含まれる場合は、学校がその素材の著作物の著作権者からの許諾を得る必要があります。

入学試験を行う際には著作権法第36条の規定により他人の著作物を無許諾で利用ができましたが、事後に入試問題集を発行するのは入試とは別の行為ですので、あらためて使用許諾を取得する必要があります。

引用として無許諾無償での利用が可能な範囲の利用であればよいのですが、たいていの場合は著作権者の許諾が必要であると考えられます。

他人の著作物を利用した入試問題を用いて問題集を作成したり、ホームページに掲載したりすることについて、学校関係者が団体を作って著作権者（文芸作品中心）の団体と交渉し、簡便な手続きで使用料を払い、著作権者の許諾を得る取組もあります（著作権利用等に係る教育NPO）。

解説③ 試験問題そのものでなくアイデアの二次利用はどうなの？

　著作物としての試験問題そのものを複製利用するのではなく、出題形式などアイデアを真似した二次利用の場合があります。

　アイデアそのものは「著作物」として保護されませんので、試験問題のアイデアが共通するだけであれば侵害とはなりません。しかし、その出題形式に創作性があり著作物として認められるものであれば、他人の著作物としての許諾取得などの取り扱いが必要です。一方、著作物性が認められない場合でも、アイデアとしての創作性がある場合は、実用新案や特許として知的財産の登録があれば、その使用許諾や使用の対価を求めることができます。

・・・・・・・・・・・ まとめ ・・・・・・・・・・・

著作物の二次利用をする場合 は、

⇨利用する側が素材となった著作物の使用許諾を得ることが原則。

⇨入学試験問題などは、作成時に無許諾での利用が許されているが、そのかわり営利目的の場合には事後に使用料に相当する補償金を支払う義務がある。

⇨入学試験問題の問題集を別途出版する場合は、個別の使用許諾が必要。

ここに注意！

　二次利用を許諾する際に、他人の著作物がどのように使われているかを明示することにより、出版社などが著作物利用の許諾を得る手続きが簡便になります。引用と複製を区別しながら、他人の著作物を素材としてどのように使ったのかを問題作成時に記録しておくようにしましょう。

自作教材の中で、特定のキャラクターを利用したい

Q：学級の班紹介の掲示物や運動会（体育祭）の応援看板、校舎の外壁などに特定のキャラクターを利用したいのですが、利用することはできるでしょうか？

A：使い方（使う場面）によります。

■各学級では、学級経営上さまざまな掲示物を作成します。では、教室の掲示物にキャラクターを利用する場合はどうでしょう？

□そのような場合は、第35条（学校その他の教育機関における複製等）に該当するかどうかが問題となります。第35条では、「教育を担任する者及び授業を受ける者は、その授業の過程における利用に供することを目的とする場合には、その必要と認められる限度において、公表された著作物を複製（略）することができる。」としていますので、**授業者および児童生徒がキャラクターを掲示物に複製することは、基本的に認められている**と考えられます。

解説❶ 学校内であれば、キャラクターの利用は自由にできると解釈してよい？

いいえ。この場合、掲示物の作成という作業が「授業の過程」であるかということが最大の問題です。

「改正著作権法第35条運用指針（令和3（2021）年度版）」（215ページ参照）によれば、「授業」とは、「学校その他の教育機関の責任において、その管理下で教育を担任する者が学習者に対して実施する教育活動」で、

・講義、実習、演習、ゼミ等（名称は問わない）

・初等中等教育の特別活動（学級活動・ホームルーム活動、クラブ活動、児童・生徒会活動、学校行事、その他）や部活動、課外補習授業等
・教育センター、教職員研修センターが行う教員に対する教育活動
・教員の免許状更新講習
・通信教育での面接授業、通信授業、メディア授業等
・学校その他の教育機関が主催する公開講座（自らの事業として行うもの。収支予算の状況などに照らし、事業の規模等が相当程度になるものについては別途検討する）
・履修証明プログラム
・社会教育施設が主催する講座、講演会等（自らの事業として行うもの）

が、該当すると規定しています。これらの学習活動は、学校の教育活動全般の中に位置しますので、学級活動である学級掲示物の作成という場合においては、キャラクターを複製することは認められていることになります。**すべてのケースで利用可能というわけではありません。**

解説② **なら、「授業の過程」に該当すれば、無制限に利用して構わない？**

いいえ。そもそも第35条は「学校教育なのだから、例外的に著作権者の権利を制限させてもらいましょう」というものです。前出の運用指針でも、著作権者の利益を不当に害する場合の例として「（略）全部の利用が認められている著作物を市販の商品の売上に影響を与えるような品質で提供すること」をあげています。授業の過程だからといって、**無制限にキャラクター等を掲示することは認められない行為といえます。**

解説③ **「学級通信」や「学校だより」、「学校のホームページ」にキャラクターを掲載したいときはどうなる？**

まず、「学級通信」や「学校だより」です。著作物（キャラクター等）を複製することができるのは、「私的利用」と「学校における授業での利用」の2点が中心です。保護者を対象とした「学級通信」や「学校だより」は、そのどちらにも該当しません。児童生徒を対象にした学級指導等の資料の作成は、授業の過程内で実施したことなので複製が認めら

れますが、**保護者や一般を対象にした通信等においては、著作物の複製は認められていない**のです。前出の運用指針でも「授業の履修者以外の者にも見せるような態様で伝達すること」が著作権者等の利益を不当に害する場合の例としてあげられており、このことから「学級通信・学校だより等への掲載」は認められないと考えられます。

　次に「学校のホームページ」への掲載の場合です。WEB に載せるということは、**外部に公開するわけですので、基本的に複製は認められない**ことになります。どうしてもキャラクターを利用したい場合は、他の媒体への掲載を目的としている書籍（CD・DVD 等）やインターネットから「著作者が、複製することを承諾している著作物」を利用するか、事前に著作権者や関連する企業に了解を得るしかありません。

・・・・・・・・・・・・・・・ **まとめ** ・・・・・・・・・・・・・・・

特定のキャラクターを利用したい場合 は、
⇨第 35 条に該当するケースであれば、利用可能。
⇨「学級通信」「学年だより」「ホームページへの掲載」
　などは第 35 条に該当しないため、利用するためには
　著作権者の許諾が必要。

ここに注意！

　キャラクターの中には、熊本県の「くまモン」のように、PR を目的に「キャラクター利用料無料」とされているものなどがあります。「利用料が無料なのだから、利用する際の許諾申請もいらないだろう」と思ってしまいそうですが、これは誤りです。くまモンの場合、「利用する際に使用料を求めない」だけで、原則として利用申請自体は必要とされています。くまモンを学校で利用する場合は第 35 条の要件を満たすことと、勝手な改変はできないなど著作者人格権への配慮も別途必要です。また、商標を利用するためには熊本県への使用許諾申請が必要となります。「利用料無料」は、「著作権フリー」という意味ではありません。

コンクールのために
書写でお手本を模写したい

Q：書写・書道では、上達のためにどうしても模写が必要になります。でも、お手本をまねることが問題にならないかと心配です。

A：「書」は美術の著作物です。ですが、練習のための模写はおおむね問題ありません。

■「書」が著作物であるなら、それをお手本に模写することは、著作物の無断複製にあたってしまうのでは？

□著作物とは、第2条（定義）にいうように「思想又は感情を創作的に表現したものであつて、文芸、学術、美術又は音楽の範囲に属するもの」ですから、書の中に思想や感情が創作的に表現されたものは、第10条（著作物の例示）でいう「美術の著作物」に入る立派な著作物だといえます。「書」の場合は、書全体で表現された「思想又は感情」「創作性」の部分が、著作物性を持つことになりますね。

　書の練習のために著名な書家の作品を模写することはあたりまえに行われますが、**個人の練習のために模写するのであれば第30条（私的使用のための複製）の範囲ですし、学校でやらせるのであれば第35条（学校その他の教育機関における複製等）により許されます**。また、中国の古典の書などはその保護期間が切れているでしょうから、自由に利用し、外部に公表することもできます。

解説❶ 「書」の場合、「字体」そのものに著作物性がある？

書写・書道の練習を続けると、そのお手本とした書の字体に似た文字を書くようになることがありますが、**字体そのものはよほど美術的な趣向があるものを除いて著作物としては認められないようです**。その理由が、次の判例に述べられています。

「文字自体の字体は、本来、著作物性を有するものではなく、したがってまた、これに特定人の独占的排他的権利が認められるものではなく、更に、書の字体は、同一人が書いたものであっても、多くの異なったものとなりうるのであるから、単にこれと類似するからといって、その範囲にまで独占的な権利を認めるとすれば、その範囲は広範に及び、文字自体の字体に著作物性を認め、これにかかる権利を認めるに等しいことになるおそれがあるものといわざるをえない。」（「動書事件」東京地裁平成元.11.10 昭和62（ワ）1136 著作権民事訴訟事件）

一文字だけの書とか、字体そのものがよほど美術的な趣向があるものは別として、字体が類似しているからといってもそれだけでは複製権侵害にはなりません。

解説❷ 学校外の展示会などに、模写した「書」を出す場合に注意すべきこと

学校の授業や部活動などで書く場合は第35条の範囲内ですから、他人の著作物を模写してもだいじょうぶですが、これを外部の展示会などに出品するときは気をつけなければなりません。**第35条にいう「授業の過程における利用」の範囲にならないことがある**からです。

さらに、第49条（複製物の目的外使用等）第1項第1号により、第35条を適用して作成した複製物を、その目的以外の目的で頒布したり、公衆に提示したりすることは「複製を行ったもの」とみなされます。学校で作成した作品を外部に公表するときは、その作品にかかわる著作権者に許諾を得るのが原則となります。しかし、書道の「書」の場合は、字体そのものは著作物として保護されず、「書」の著作物としての「創作性」は、字そのものの形ではなく、墨の濃淡やにじみ具合、筆の勢い、かすれ具合、紙幅の構成美（字くばり）等に書き手の個性や創作性を見

出します（「雪月花事件」東京地裁平成11年10月27日判決・平成11年（ネ）第5641号・判例時報1786号136頁）。したがって、絵画の模写などとは違って、書道の「書」をお手本とした作品が複製権侵害となる事例は通常は考えにくいといえます。

解説③ 「書」には、何を書いても問題ない？

見落としがちですが、「書」に書かれる「言葉」にも注意が必要です。例えば、著名な書家の書を模写したり、自分の好きな歌謡曲の歌詞を書にしたりするような作業をさせることがあるかと思います。この際、お手本とし、模写する書に著作権があることはわかりやすいでしょうが、「書」に書こうとしている、**歌詞そのもの（言語の著作物）にも著作権がある**ことを忘れてはいけません。このように、「書」に書く言葉そのものが著作物であるときは、「授業の過程における利用」である場合を除いて、著作権者の許諾が必要になることに注意しましょう。

・・・・・ まとめ ・・・・・

書写・書道で模写する場合 は、

⇒第35条に該当するケース・私的使用（第30条第1項）の範囲内であれば、利用可能。

⇒外部の展示会などに出す場合は通常は問題ないが、「書」の個性、創作性が再現されている場合は著作権者の許諾が必要。

ここに注意！

著作物とは、「思想又は感情を創作的に表現したものであつて、文芸、学術、美術又は音楽の範囲に属するもの」ですので、先生の書はもちろん、児童生徒が独自に書いた作品も著作物として保護されることになります。気をつけましょう。

CASE1-15

コンクールのために
児童作品に手を入れたい

Q：出品・出展のために、児童生徒が制作した作品（製作物）に、教師や保護者が手を入れることは許されるでしょうか？

A：**いけません。**大切なのは「自分の意に反して勝手に改変されない」ということです。

■指導の過程で、教師が助言をしたり手を添えたりして作品を修正させることがあります。この場合にはどんな注意が必要でしょうか？

□指導の過程で、教師が助言をしたり手を添えたりして、作品を修正させることは、日常的に行われていることと思われます。しかし、これは第20条（同一性保持権）に定められている「自分の著作物の内容又は題号を自分の意に反して勝手に改変されない権利」を侵害することとかかわってきます。

　学習活動の中で作ったとはいえ、児童生徒が制作した制作物は、児童生徒の著作物です。ここで大切なのは、「自分の意に反して勝手に改変されない」ということです。学校の教育活動の中で、よりよい表現方法として作文の構成や言葉遣いを変えることを指導することはあるでしょうが、その時、その作文を書いた**児童生徒本人が納得して変更することが必要**です。児童生徒本人が変えたくないというのに、教師や保護者が勝手に変えるわけにはいかないということです。

解説① **そもそも、学校で制作した児童生徒の作品の著作権はだれに？**
　いうまでもなく、児童生徒が制作した作品は、それを作成した児

童生徒の著作物です。ですから通常は、コンクールや展覧会に出品した作品は返却され、もし出品した作品を収録した作品集等を作る場合には、出品者一人ひとりに許諾を得るなど、通常の著作物の著作権処理が必要です。

解説2 「指導」と「改変」の差はどこに？
たとえばこんな判例があります。児童生徒の作文をそのまま掲載しないで、同一人の2つの作文を組み合わせたり、個人が特定できる名前をイニシャルに変更したりして掲載したことが、同一性保持権の侵害にあたると判断され、学校側が敗訴したものです。（平成13.7.25大阪地裁 平成11年（ワ）第6740号損害賠償等請求事件）

解説3 「言語の著作物」以外の場合は？
美術や図工の時間の、絵画や彫塑等の表現活動でも同じです。児童生徒が選んで使っている色を変えることで、その絵がもっとよくなると教師や保護者が考えたときに、この色に変えてみてはどうかと示すことまでは、指導の中で行えるのですが、その色に変えるかどうかはあくまでも児童生徒本人の意志が尊重されます。

　総合的な学習の時間の発表でのプレゼンテーションなどでも、表現の方法としてよりよくするための助言をすることはできますが、実際に変えるかは本人の意志によるなど、**様々な学習活動の場面で「自分の意に反して勝手に改変されない」ということは守られなくてはなりません。**

解説4 どうしても改変の必要がある場合は？　例えば作文の中に他者を誹謗中傷するような表現がある場合にも、改変をしないでそのまま公表しなければならない？
　同一性保持権では「自分の意に反して勝手に改変されない」ということが規定されているので、公表することが望ましくないという場合には、教師や保護者は公表をしないことができると、裁判の判例で示されてい

ます（同前）。

　公表しないことができるのは、作文等に他者を傷つけるような表現がある場合だけではありません。美術や図工の作品でも、他者の権利を侵害するような場合には、公表をしないことができますし、プレゼンテーションの場合でも、他者の著作物等を無断で利用しているとか、個人情報が含まれている等で他者の不利益になることが予想される場合などは、公表を止めることができます。

　また、同一性保持権は、第20条第2項で例外的に許諾を得なくても改変が認められる場合を挙げています。特に同項4号の「著作物の性質並びにその利用の目的及び態様に照らしやむを得ないと認められる改変」に当たるかどうかがよく裁判で争われます。

・・・・・・・・・・・・・・ **まとめ** ・・・・・・・・・・・・・・・

児童生徒の作品に手を入れる場合 は、

⇨「同意」なしの改変はできない。

⇨作品を公表する場合、「他者の不利益となることが予想される」ときは、公表を止めることができる。

ここに注意！

　教師が児童生徒の作品に関与する場合、注意しなくてはならないのは、「指導に従わないから」とか、「教師が納得いく作品になっていないから」というような観点からの判断であってはならないということです。「公表しない」と判断すべきときは、その作品を公表することが望ましくないと考えられ、しかもその表現を変えるように指導しても、本人が納得をしないために、変更がなされないというような場合に限られます。

コラム 4 　学びの足跡として著作物を残すこと

◇書道では、「臨書」に取り組むことが多くあります。古典的な書道のスタイルを学ぶために、既存の優れた書道作品を真似ることで、筆の運び、墨の濃淡、文字の形などの基本的な技術を学びます。美術を学ぶ中でも、模写を通じて、技術を習得し、観察力を向上させ、そこから創造性を発揮し自分のスタイルを作っていきます。このように、学ぶ中で、著作物が欠かせない存在となっていることも多くあります。

◇芸術の世界以外でも、学習の中で著作物から情報を読み取ったり、コピーしてノート等にまとめたり、発表の資料を作成することは日常的に行われています。自分の発表の資料自体が著作物でもありますが、元の著作物も利用することで学びの質を高めていることが多いのです。また、先生が作成したワークシートに、図や写真、文章などの著作物が含まれていることもあります。このように授業において著作物を利用することは、著作権法第 35 条で著作権者の権利が制限されているため、無許諾無償で利用することができます。そのため、安心して利用できます。

◇では、他の人の著作物を含むノートや発表資料などは、授業が終わった後、どうすればいいのでしょうか。

　改正著作権法第 35 条運用指針（令和 3（2021）年度版）に、授業後の著作物の扱いがどう書かれているかを見てみると、授業についての説明の補足として、「自らの記録として保存しておくための教員等または履修者等による複製」とあります。記録として保存することが明記されているので、授業の中での利用と同じように、学びの足跡として残すことができるということです。

◇また、学びの足跡として考えると、過去の記録を自分のために使うケースが考えられます。何年か前、あるいは先週、昨日など、期間はさまざまですが、自身のその後の学習の中で振り返って、過去の記録を利用することはよ

くあります。その点では、ノートは自分のためのものですので、著作権法第30条での私的使用と考えることもできます。時には学習に生かすのではなく、思い出として振り返ってなつかしく思うこともあるのではないでしょうか。

◇あるいは、発表用の資料の中に、引用して利用されている著作物などであれば、著作権法第32条の引用の範囲で著作物が利用できるものとも考えられます。引用であれば、その後の学校での学習で利用することも可能ですし、学びの足跡として残すこともできます。

◇しかし、他人の著作物を利用した過去の学内での作品など、記録として残してあるものを公開したり、人に譲渡したりする場合は、あくまで第35条第1項の要件・趣旨に沿っていることが必要で、第35条の授業目的以外の目的で譲渡することは許されません（第47条の7：複製権の制限により作成された複製物の譲渡）。

　人の著作物を利用し、それが含まれている場合は、自分だけの著作物ということにはならないのです。そのような時には、著作権者の許諾を得る必要があります。

コラム 5

利用者としての 児童生徒への「引用」の指導

平成29・30・31年改訂学習指導要領では、子どもが主体的に学ぶことが求められており、小学校低学年から、生活科などで調べ学習を行う姿が多く見られるようになっています。小学校3年生から始まる総合的な学習の時間や社会科などでは、ますます調べ学習の機会が増えています。また、1人1台端末が配付されたこともあり、インターネットの情報をコピー・アンド・ペーストで、自分の端末に容易に複製することができるようになりました。

第35条（学校その他の教育機関における複製等）により、授業における著作物の複製は許諾が必要ないため、「引用」については、それほど厳密に指導していないケースもあるようです。しかし、引用についての知識を持ち、適切な引用の仕方を身につけることは、将来的には、自分自身の考えを印刷物やインターネット等の様々なメディアを通して発信する際に、欠かすことのできない力となります。ここでは、「引用」について、児童生徒が学習する際のポイントについて整理します。

■「引用」（第32条）を学ぶ必要性

引用について学ぶ時間では、「引用する際の決まりはなぜ必要なのか」、児童生徒に考えさせることが大切でしょう。引用の要件を満たさずに、勝手に著作物を利用されてしまった場合、著作権者がどのような気持ちになるか考えたり、引用した文章に明確な区切りがなかった場合、引用部分を誰が書いたものかわからなくなることで起こりそうな問題を話し合ったりすることで、「引用の決まり」の必要性を認識し、「自分ごと」として学ぶ意欲を高めることができます。

また、調べ学習のまとめとして自分の考えを主張する際などに、自分の考えの根拠として誰かの文章を引用することができれば、自分の考えに、より説得力や信頼度を増すことができることに気づかせることも必要です。

■主従関係を明確にする

引用しても良いということがわかると、児童生徒がまとめた文章の「ほとんどが引用されたものになっている」といったことにもなりかねません。引用の条件の一つに、「主従関係が明確であること（明確性）」があります。「主従関係」とは、作成している文章等のなかで、引用部分は質的にも量的にもあくまで「補足」でなければならないというものです。自分の考えや意見を主張するために、引用部分は「根拠」を示すためにあります。くれぐれも、調べたことをコピー・アンド・ペーストして学習が終わることのないように指導が必要です。

■「引用」の仕方を身につける

引用については、自分の作成部分と他人の著作物の引用部分を区別し、渾然一体とさせないこと（「　　」で括るなど。「明瞭区別性」）、上記の「主従関係」、「出典元が明記されていること（出典）」（出所の明示義務：第48条）が必要となります。第32条は「複製」に限っていないので、そのままのコピーだけでなく、適切な要約引用も判例は認めています。

児童生徒に身につけさせたい引用の技能は、下記のようなものです。
① かぎをつけたり、本文よりも少し下げたりして、明瞭に区別がつくようにする。
② 元の文章を、必要限度で抜き出す。自分の文章が主で引用文献は従であるように。
③ 要約して引用する場合は、他人の文章の主旨に忠実に。（「血液型と性格事件」東京地裁平成10年10月30日判決・平成7年（ワ）第6920号）
④ 何から引用したのか出典を示す。

出典を明示するための内容については、書籍であれば「書名、作品名、著作者名、出版社名、発行年」、WEBサイトからの引用の場合は「URL、WEBサイト名」というように、引用元に応じた表記の仕方を身につける必要があるので、学年に応じて継続的に学ぶ機会を設定するとよいでしょう。

CASE2-1

修学旅行で「校外学習のしおり」を作りたい

Q：修学旅行や校外学習のときに、様々なメディアから資料を探して、「校外学習のしおり」を作りたいのですが、どんな注意が必要でしょうか？

A：第35条に基づいて複製は可能ですが、授業の過程における「必要と認められる限度」に注意しましょう。

■どこまでが「授業の過程」になるのでしょう？　修学旅行も「授業の過程」に含まれるのですか？

□第35条（学校その他の教育機関における複製等）では、「学校その他の教育機関（営利を目的として設置されているものを除く。）において教育を担任する者及び授業を受ける者は、**その授業の過程における利用に供することを目的とする場合**には、その**必要と認められる限度**において、公表された著作物を複製（略）することができる。」としています。この法律によって、学校の授業（塾やカルチャースクールなどを除く。）では、著作物の複製をすることが許されています。

　校外学習が「授業」になるかどうかの判断については、著作権の教育利用に関する関係者フォーラムが示した「改正著作権法第35条運用指針」（215ページ参照）に明記されています。

　その運用指針によれば、「授業」には「初等中等教育の特別活動（学級活動、ホームルーム活動、クラブ活動、児童・生徒会活動、学校行事、その他）や部活動、課外補習授業等」が含まれるとありますので、**修学旅行や校外学習は授業の一環としてとらえてよいことになり、「校外学習のしおり」に著作物を掲載することは可能**だと考えられます。

解説❶ 「授業の過程」はいいとして、「必要と認められる限度」とはどのあたりを指すの？

　「必要と認められる限度において」とは、前出の運用指針によると、『第一義的には授業担当者が判断するものであり、万一、紛争が生じた場合には授業担当者がその説明責任を負うことになります（児童生徒、学生等による複製等についても、授業内で利用される限り授業の管理者が責任を負うと考えるべきです。）。その際、授業担当者の主観だけでその必要性を判断するのではなく、授業の内容や進め方等との関係においてその著作物を複製することの必要性を客観的に説明できる必要があります。』とされています。つまり、「この場合はこれが限度」という明確な定義があるわけではないということです。

　修学旅行のしおりなどの場合は、上記の原則を踏まえた上での例として、「原則として、部数は通常の１クラスの人数と担任する者の和を限度とする。」とされていることから、校外学習の事前学習であれば、通常の場合学級活動として実施することになり、**担任の先生が自分の学級で利用するための複製ですので、数量的にも問題がない**ということになります。

解説❷ 市販されているガイドブックなどを教師が購入して利用する場合

　著作権法は財産権の一部であり、著作物を販売（例えば市販の本や音楽CD等）することで収入を得ている人々の生活を保障するものです。

　一部を複製して「校外学習のしおり」に掲載することは許されても、**児童生徒が購入することを目的に販売されている旅行ガイド等を担任の先生や児童生徒が１冊だけ購入して、学級全員に印制して配布することは認められません。**

　第35条には「著作権者の利益を不当に害することとなる場合は、この限りでない。」としています。つまり、児童生徒が購入することを目的としている書籍については、学級で利用する分すべてを購入するのが正当でしょう。

解説③ インターネットを使って、WEB上から画像や文章を拾ってくる場合

学校のIT化が進み、インターネットを利用して資料を作成することが盛んに行われるようになってきました。

インターネットも「公表された著作物」と考えられ、著作権法上は、授業の過程における使用であれば複製が認められていますので、問題はありません。

しかし、第35条で複製等を認めているのは、あくまで財産権としての著作権ですので、著作者人格権（第19条第1項:氏名表示権、第20条第1項:同一性保持権）は別立てで気をつけなくてはなりません。必要限度の改変は通常は「やむを得ない改変」（第20条第2項第4号）に当たり可能となりますが、情報社会を生きていく児童生徒に、著作権を尊重する態度を身につけさせるためにも、インターネットのURLやホームページのタイトルなど、出所の明示（第48条）をするように指導してください。

・・・・・・・・・・・ **まとめ** ・・・・・・・・・・・

「校外学習のしおり」などを作る際 は、

⇨「校外学習」も授業の一環とみなされるため、第35条に基づいて著作物を利用できる。

⇨ただし、「旅行ガイドブック」など、児童生徒一人ひとりが購入することが前提となっているものの場合、1冊だけ購入してコピーするのは不可。

ここに注意！

　インターネット上の情報を利用する場合、出所の確認の他に、「情報の正誤性を確認すること」なども重要になります。コピーがコピーを呼び、拡散していく傾向のあるWEB上の情報では、「誤情報が、誤情報として認識されないまま拡散してしまう」ケースや、「誤情報と知りながらあえて拡散させている」などの悪質なケースも散見されます。

校外での学習活動で著作物を利用したい

Q：学校を離れて校外で学習活動を行う際に、著作物の利用は教室内と同様にできるのでしょうか？

A：はい。場所が学校内でなくても、**授業の一環と捉えられる状況であれば、第35条（学校その他の教育機関における複製等）が適用されます。**児童生徒の個別の学習活動が中心で、先生による「教授」がない場合でも、授業の一形態として成立しているものであれば、著作権法上の授業と考えて差し支えありません。

■タブレット端末を校外学習に持ち出して、学習者の端末に著作物を含む教材を配信したり、学習者が撮影した写真などを共有したりなど、ICT を活用した校外学習での留意点は何でしょうか？

□ICT を活用した学習活動では、複製と送信（公衆送信）は不可欠な要素です。第35条では、複製について、無許諾で利用できる範囲が、無償の場合だけでなく、授業目的公衆送信補償金制度を利用して有償で利用できる場合について定められています。いずれも、学校の授業の範囲で、校外学習等で教室の外でも、資料を複製したり、それを学校外のサーバに置いて、教室や家庭からも利用することはその範囲です。

　児童生徒が利用する場合も、教員が利用する場合も同様ですが、見学の様子を SNS や学校ホームページで公開する時は、授業の範囲を超えているので、複製したものを公開することはできません。

 解説❶ 建築や彫刻など、他人の著作物がたまたま写り込んだり、店内のBGM などで音楽がたまたま録音されたりした場合の扱いは？

第46条（公開の美術の著作物等の利用）により屋外の場所に恒常的に設置されている彫刻や建築の著作物は、複製を譲渡するような場合を除き、自由に利用できます。

また、たまたま写り込んだ絵画や、たまたま録音された BGM などは、第30条の2（付随対象著作物の利用）の規定により「著作物の利用により利益を得る目的の有無、当該付随対象事物等の当該複製伝達対象事物等からの分離の困難性の程度、当該作成伝達物において当該付随対象著作物が果たす役割その他の要素に照らし正当な範囲内」の公正な利用は自由にできるとされています。ただし、著作権者の利益を不当に害する場合は除きます。

この、いわゆる「写り込み」による著作権の権利制限の現行法は、令和2年著作権法改正によるもので、①対象行為は「写真撮影・録音・録画」に限定されていた旧法から、「複製・（複製を伴わない）伝達行為全般」に拡大され、②従前は著作物の創作行為をする場合に限定されていましたが、改正により、対象となる行為が、「写真撮影・録音・録画」から「複製・（複製を伴わない）伝達行為全般」となり、さらに、③改正前は、「メインの被写体から分離困難な創作物の写り込み」だけが適用の対象でしたが、たとえ分離困難でなくとも、「メインの被写体に付随する著作物」であれば、適用対象に含まれることになりました。

解説② 児童生徒が家庭学習で予習・復習をするために、学習者用デジタル教科書の一部分を抜粋してインターネットで送信したい

家庭学習で学習者用デジタル教科書の一部を利用する場合は、場所が学校ではないので不安に思うかもしれません。しかし、学習の内容は学校からの課題であったり、学校の授業の準備のための予習や、学習を補うための復習であったりします。これらの学習課題・予習・復習は、学校の教育課程の一部であり、第35条の「授業の過程」ですので、許諾を得ることなく、学習者用デジタル教科書のコンテンツを利用して学習課題に取り組んだり、レポートを作成したりすることができます。

ただし、学習者用デジタル教科書の一部分を利用して教材を作成・配信しており、学習者がオンラインで教材を利用したり、レポートをクラ

ウド上に保存したりするので、授業目的公衆送信に該当します。そのため、授業目的公衆送信補償金制度にそって、授業目的公衆送信補償金の支払いが必要になります。

解説3 校外学習で外部講師から指導を受ける場合は？

その外部講師の方が、出演料や講演料を対価として、実演等を行う場合は、営利目的の上演と考えることが適切でしょう。そのときは、外部講師が利用する著作物について許諾や使用料が必要となります。しかし、外部講師が交通費などの実費だけで指導を行う場合など、営利行為とはいえないときはその限りではありません。学校の先生が行う授業の一部として外部講師が講話や実技の実演を行う場合は、第35条の教育目的での著作物使用と考えることができ、また、外部講師が特別非常勤講師等として委嘱されている場合は、給与が支払われても、学校の教職員としての指導業務であり、営利行為とはいえません。

つまり、外部講師の位置づけによって、著作物を利用する場合の許諾や使用料の有無が異なるということになります。

> ・・・・・・・・・・・ **まとめ** ・・・・・・・・・・・
>
> **学校の外であっても、授業の過程での著作物の利用方法は変わらない。** しかし、日常の教室とは異なる状況が生じることには注意をして、授業の場面として検討しておくことが大切。

ここに注意！

学校の先生が引率していれば、校外でも児童生徒の活動は授業の一環である、と考えるのは早計です。教室内とは異なる対応が求められる場合もあることに注意しておきましょう。

CASE2-3

運動会で市販の音源を使いたい

Q：学校の運動会で、音楽を流したいと思っています。市販のCD等の音楽を利用してもよいでしょうか？

A：**利用できます。** 運動会の準備で市販のCDの音源をコピーしたりする場合、運動会は第35条第1項の「授業」の一環となりますので、運動会で市販のCD等の音源を利用するための手続きは必要ありません。また、運動会当日に会場に音楽を流すことも、第35条とは別の規定になりますが、一定の要件を満たせばできます。

■それなら、子どもたちのお気に入りの楽曲も使うことができて、運動会は盛り上がりそうです。運動会では、開閉会式等で、吹奏楽部などが様々な楽曲を演奏したり、児童生徒が応援歌を歌ったりすることがあります。このような場合も、市販の音源と同じように、手続きしないでもよいのでしょうか？

□**はい、問題ありません。** 第38条（営利を目的としない上演等）により、公表された著作物である音楽を、①「入場料をもらっていない」、②「演奏する人に報酬を支払っていない」、③「営利を目的としたものではない」の3つの要件を満たして行っていれば、運動会で、児童生徒が著作権者の許諾なく楽器を演奏したり、合唱をしたりすることもできます。

解説 ❶ 🐰 運動会の様子を録音・録画することはできる？

運動会では、子どもの様子を熱心に撮影している保護者の姿をよく見かけます。保護者が我が子の成長記録として、家庭内で楽しむための録音・録画をすることには、手続きはいりません（第30条第1項：私的

使用のための複製）。

　しかし、学校が記念品として家庭等に配付することを目的として、著作物の含まれる映像を録音・録画・保存する場合は「授業」に該当せず、教師や児童生徒等の利用の範囲内ではないことから、レコード会社や演奏者等、著作者・著作隣接権者等からの許諾が必要となります。

解説❷🐰 運動会の模様をインターネット配信することはできる？

2018年の著作権法改正で、一般社団法人「授業目的公衆送信補償金等管理協会」に教育機関の設置者が補償金を支払うことで、音楽を含む著作物をオンライン授業などで許諾なしで使える制度が創設されました。このことにより、一定の条件のもと、運動会の模様は、保護者や協力者（来賓や開催に伴い協力を得た地域の方等）へ無許諾でリアルタイム配信（ライブ配信）することができます。オンデマンド配信についても、主催者である学校長等が視聴期間を事前に設定し、視聴期間終了後にコンテンツを即時抹消・破棄することを条件に、許諾なくして配信することが可能です。ただし、第35条第1項で無許諾の配信が許されるのは授業（運動会を含む）の過程におけるものに限られます。したがって、保護者や協力者以外の人へのURLの拡散や配信した映像の保存、インターネット上の転載等を行わないことを、配信を受ける保護者等から同意を得ることが必要です。また、学校の設置者は同条第2項の補償金の支払いが必要となります。

解説❸🐰 運動会の模様を学校ホームページ等に公開することはできる？

運動会の模様を学校ホームページにアップロードする際、市販のCDなどの音楽が含まれている場合には、音楽の作曲家、作詞家などの著作権者の許諾のほか、著作隣接権者であるレコード会社や演奏者の許諾が必要です。SNS等であっても、同様となります。ただし、自分で演奏した動画を動画投稿（共有）サイト（YouTubeやニコニコ動画など）にアップロードする場合は、動画共有サイトがまとめてJASRAC等と包括的な利用許諾契約を締結していることが多くあり、その場合は、音

楽の作曲家、作詞家などの音楽著作権については個別に手続きする必要はありません。しかし、ここでも、自ら演奏、または制作した音源でない場合は、やはり著作隣接権者であるレコード会社の許諾が必要です。

解説❹🔍 運動会のプログラムに歌詞や楽譜を印刷することはできる？

第35条で、教員は、授業のためなら複製をすることが認められています。しかし、運動会のプログラムなど大量の冊子に歌詞や楽譜を印刷することは第35条で許される「著作物の複製」の範囲を超えることになり、学校においても、別途、利用許諾の手続きが必要となります。JASRAC（日本音楽著作権協会）では、教育機関が、営利を目的とせず、かつ、無償で出版物等を頒布するときは、使用料が $\frac{50}{100}$ に減額される措置もあり、それほど大きな出費にはなりませんが、手続きに関する手間などを考慮して、判断することになりそうです。

・・・・・・・・・・ **まとめ** ・・・・・・・・・・
学校の運動会で市販の CD 等の音源を利用することができる。
⇨「入場料をもらっていない」「演奏する人に報酬を支払っていない」「営利を目的としたものではない」という第 38 条の 3 つの要件を満たしていることが必要。
⇨運動会の模様をインターネット配信することができる。
⇨市販の CD 等の音源が含まれる運動会の模様を撮影し、保護者等に配付したり、インターネットで公開したりする際には許諾が必要。

ここに注意！

昨今、学校行事の模様を動画投稿（共有）サイトに BGM 付きでアップロードしたことで、著作隣接権者からクレームや削除依頼が来るというケースが増えています。著作権は、動画投稿（共有）サイトが包括契約していても、著作隣接権は個別の許諾が必要となる場合が多いことを理解しておく必要があります。

運動会でダンスの振り付けを使いたい

Q：運動会やコンクールで、ダンスや踊りの振り付けをまねることはできるでしょうか？

A：運動会等の行事が「授業の過程」と評価できるものであれば問題ありません。クラスや学年で教育機関以外の団体等が主催するコンクールに出場するといった場合は「授業」に当たらないため、個別の著作権処理が必要です。また、ダンスや踊りは、音楽だけでなく、**振り付けも著作物であることに注意**しましょう。

■「ダンス」の場合、「音楽」とはまた別に気をつけるべきところがあるのでしょうか？

□特別活動における運動会やコンクール等でダンスや踊りの発表があるとき、必ず音楽が利用されるので、音楽の著作権の扱いには留意されていることと思います（「音楽の著作物の利用」については本書 68、111 ページ参照）。

　しかし、ダンスや踊りは、**音楽だけでなく振り付けも著作物であること**に注意しなければなりません。ここでは特に、振り付けのまねという点に着目しながら、ケースごとに考えてみたいと思います。

解説① 体育の授業などで振り付けをまねる場合

　体育の授業など、授業の過程上の活動の場合は、第 35 条（学校その他の教育機関における複製等）の規定にあてはまりますので、**児童生徒がまねをしたりすることは問題ありません**。また、部分的にまねる場合など、著作物の改変にあたることがあっても、第 47 条の 6（翻訳、翻案等による利用）第 1 項第 1 号により、学習活動の中では問題なく利用できます。それが学習発表会であっても、「授業の過程」の中であれ

ば同じことです。そして、評価のためなどに記録することがあっても、授業の過程の一環であるので著作者の許諾を得る等の手続きは不要です。

解説❷ 「授業の過程」ならどんな使い方でも問題なし？

いいえ。たとえば児童の実演の様子を録画した記録を、評価以外の目的で保護者に配布したり、学校のホームページに公開したりすることがあると、「授業の過程の中での利用」とは認められません。あくまでも、授業の過程の中での利用であることが必要です。授業の後に複製物を配布したり、ホームページに公開する場合は含まれません。

解説❸ 特別活動や運動会などの学校行事で、保護者や地域の方など外部の人が見に来る場合は？

特別活動や運動会などの行事は授業の過程に位置づけられているので、その範囲であれば問題はなく、ダンスや踊りの振り付けのまねをすることができます。

しかし、ここで考えておかなくてはならないのは、**一般参加をしている保護者や地域の方が動画撮影をしている場合**です。家族が子どもの成長の様子を記録することは、私的な使用として問題なくできると考えられますが、記録されたものが他の面で使われることになると、著作者の許諾を得る必要が出てきます。

この場合、現実的に学校としてできるのは、保護者や地域の方に、動画撮影の際の著作権への配慮について注意を促すといったところでしょう。

解説❹ ダンスや踊りのコンクールなどに応募する場合は？

コンクールや地域の行事等で、ダンスや踊りの振り付けのまねをしている場合は、授業の過程の中と考えるのは困難です。

・地域の行事等への参加の場合

夏祭りなど無料の行事で、報酬を得ていない場合は、第38条（営利を目的としない上演等）に該当するので問題ないと思われますが、主

催者が会場費を捻出するために、その行事自体が入場料をとっているとか、出演することへの報酬がある場合には、著作者の許諾を得る必要があります。

　また、時間を合わせるためにアレンジをしている場合などは、単なるまねと異なり、著作物の改変にあたるので、気をつけなくてはなりません。第47条の6「翻訳、翻案等による利用」は上記の第38条を挙げておらず、アレンジをして上演等をする場合は許諾を得る必要があると解されます。

・コンクールなどの場合

　応募規定に著作権処理について書かれていることが多いので、応募要項を確認するとよいでしょう。なかには、オリジナルでないといけないという場合もあります。また、そのときに、音楽の著作権処理とは別に、振り付けの著作権処理がどうなっているかという確認が重要です。振り付けの著作権処理についての記述がない場合は、主催者に確認し、主催者での著作権処理が行われない場合には、自身で著作権処理をしたうえで参加しなくてはなりません。

- - - - - - - - - - - - まとめ - - - - - - - - - - - -

ダンスや踊りの振り付けを利用する場合 は、

⇨授業の過程であれば、利用に問題はない。

⇨コンクールや地域の行事など、授業の過程でない場合は原則、著作権者の許諾を得る必要がある。

ここに注意！

　音楽の著作物の利用の際も同じですが、ダンスのような性質の著作物の場合、「振り付けを考案した人」以外に、「そのダンスを実演している人」にも録音・録画権、放送・有線放送権、送信可能化権などの権利があります。また、「授業の過程」における利用でないケースでは、作曲家、作詞家といった「音楽の著作権者」、「振り付けの著作権者」、「音源の販売元」などの多数の権利者への許諾申請が必要となります。注意しましょう。

文化祭で演劇をしたい

Q：文化祭で、児童生徒が既存の演劇を上演したいと考えています。可能でしょうか？

A：可能です。ただし、チケットを販売するようなケースでは許諾が必要になります。

■「演劇」には、すごくたくさんの権利者がからんでいると聞きました。実際のところどうなのでしょう。

□演劇は総合芸術といわれ、次のような著作物の集合体です。
・脚本…文芸の著作物
・舞台装置…美術の著作物
・音楽…音楽の著作物（市販のCDやレコードを利用する場合は実演家・レコード製作者の著作隣接権もある）

　既存の演劇を上演するときには、これらの著作物を「複製」することになります。また、著作権者には、その著作物を上演する権利（「上演権」）もありますから、勝手に上演したら、その権利を侵すことにもなるでしょう。これらの著作物を利用するには、基本的に著作権者の許諾が必要です。

解説① 「文化祭」の場合の演劇の上演

　そのように複雑に権利が絡み合っている「演劇」ですが、「**授業の過程**」であれば上演できます。

　第35条（学校その他の教育機関における複製等）によれば、「授業の過程における利用に供することを目的とする場合」は「必要と認められる限度において」著作物を「複製」することができるとあります。これ

は「教育を担任する者」もできますし、「授業を受ける者」である児童生徒の手によってもいいこととなっています。文化祭は通常の学校の教育計画にのっとった授業の一環とされていますので、著作物の利用に問題はないと考えていいでしょう。

　ただ、複製することができる範囲は「必要と認められる限度において」であり、「当該著作物の種類及び用途並びに当該複製の部数及び（略）態様に照らし著作権者の利益を不当に害することとなる場合は、この限りでない。」ともありますので、注意が必要です。

解説❷ 「演劇」をする際に注意すべきこと

　例えば、上演する脚本として出版されているものを1冊だけ購入して部員の数だけ印刷して配ることは第35条を適用できます。しかし、必要部数以上を印刷したり、次年度以降の文化祭でも上演することを想定してコピーした脚本をライブラリーとして保管したりするなどの処置をとった場合は、脚本の出版物としての「著作権者の利益を不当に害する」ことになります。ライブラリー化やデータベース化の場合は、きちんと著作権者に利用許諾を得る必要があります。

解説❸ 授業の過程ではなく、学校外の公民館などを利用して児童生徒が上演する場合

　営利でなければ上演はできます。著作権者がもつ上演権は、第38条（営利を目的としない上演等）により制限され、脚本等が公表された著作物で、次の要件がすべてあてはまる場合は、上演できるとされています。
・営利を目的としない。
・聴衆または観衆から料金を受けない。
・実演家などに報酬が支払われることがない。

　その際、第48条（出所の明示）第1項第3号にあるように「その出所を明示する慣行があるとき」には「著作物の出所」を明示しなければなりません。演劇などでは、そのパンフレットに脚本の著者が書かれる

のが通常ですから、ここでもそれにならって、プログラムやパンフレットなどに書いておくべきでしょう。

・・・・・・・・・・・ **まとめ** ・・・・・・・・・・・

「演劇」を上演する際 は、

⇨文化祭など「授業の過程」であれば、第35条に基づいて著作物を利用できる。

授業の過程でなくとも、公表された著作物で、

・営利目的でない。　　・料金を受け取らない。

・報酬が支払われない。　　・出所を明示する。

であれば上演可能。

ここに注意！

　著作権者には著作者人格権としての「氏名表示権」(第19条)がありますから、演劇を上演するために複製をする場合であっても、それぞれの原著作者名をきちんと明記しておく必要があることに注意しましょう。

文化祭の演劇で脚本を編集したい

Q：文化祭や演劇部の大会などでは、上演時間に合わせて既存の脚本を切り詰めて上演することがあります。問題はないでしょうか？

A：学芸会や文化祭での上演の場合は、脚本の「変形」または「翻案」も可能と考えられます。

■「脚本」の内容をこちらの都合で書き換える場合はどうでしょう？

□本来、著作権者には著作者人格権としての「同一性保持権」があります（第20条）。これは、自分の創作したものを勝手に改変されない権利です。また、同様に著作権者は財産権としての「翻訳権、翻案権等」も専有します（第27条）。ですから、**著作物を、利用する側の都合で勝手に切り詰めたり、書き換えたりすることは本来できません。**もしどうしても必要なら著作権者に許諾を求める必要があります。

ただ、学芸会や文化祭など、**学校の授業の過程として認められる催しの中で行われるときは、第35条**（学校その他の教育機関における複製等）**で複製が認められ**（脚本を上演することは、その脚本を複製したことになります）、**第47条の6**（翻訳、翻案等による利用）**第1項第1号で「翻訳、変形又は翻案」もできるという解釈が可能**です。

ただし、以上は財産権としての著作権（第27条）が制限されているという話であって、著作者人格権である「同一性保持権」は別立てで考える必要があります（第20条）。この同一性保持権にも例外があって、「著作物の性質並びにその利用の目的及び態様に照らしやむを得ないと認め

られる改変」は認められることになっています（同条第2項第4号）。問題はこの「やむを得ない改変」に当たるかです。

解説① 「脚本」を改変する際

　著作者人格権としての同一性保持権との関係は、そう簡単に割り切れる問題ではありません。

　作者は思いをこめて一本の脚本を創作しているはずです。どの場面やどの台詞も、作者にとっては欠くことのできない大事なものであるはずです。それを勝手に削られたらどう感じるでしょうか。

　また、「翻案」というとき、通常は小説の脚色や映画化など、原著作物を元に新たな著作物（二次的著作物）を創作することを指します。単に時間制限だけの目的での変形で新たな創作性が加わっていない場合は、「翻案」には当たりませんが、著作者の「意に反する」改変として、同一性保持権が問題になってきます。**正当性のない改変は著作者の人格を傷つけることにもなりかねません。**

解説② 「著作者人格権」を守る判断基準は？

　教育活動に利用するために、財産権としての翻案権が制限されてはいますが、それは原著作物を利用しながら児童生徒に創造意欲をもたせ、新たな創作をさせるなどの用途が想定されているからで、そのような目的や態様であれば、通常は「やむを得ない改変」とされることが多いかと思います。しかし、**著作者の人格と名誉、声望を害するような改変は認められず、作者の人格と名誉にかかわる部分を無視しては、それこそ教育上よろしくないように思います。**

解説③ 演劇部の地区大会や自主公演など、校外で上演する場合は？

　部活動である演劇部の地区大会や自主公演が、通常の学校の授業として認められるかどうかによるといえます。大会などとはいえ、部活動は特別活動として授業の一環といえるという見方もあれば、授業は学

特別活動で

校を基本的な場とするから、外部でやる大会は授業ではないという考え方もあります。

　もし、教育活動として認められなくても、第38条（営利を目的としない上演等）で上演することができるとも考えられます。

　「脚本」に手を入れる場合、校内での学芸会や文化祭での上演は第35条と第47条の6で切り抜けられるとは思いますが、第38条には適用されませんので、著作権者に問い合わせて、必要なら許諾を得るという手続きをとったほうが妥当ではないでしょうか。

・・・・・・・・・・・・・・ まとめ ・・・・・・・・・・・・・・

「元となる脚本を切り詰める」場合 は、

⇨文化祭など「授業の過程」であれば、第35条に基づいて「変形・翻案」できる。

授業の過程でなくとも、

・営利目的でない。　　・料金を受け取らない。

・報酬が支払われない。　・出所を明示する。

であれば上演は可能だが、その場合は脚本を改変できない。

ここに注意！

　第38条（営利を目的としない上演等）で上演することができると考えることもできますが、しかしこれは、あくまで一本の脚本すべてを改変しないで上演する場合に限られます。脚本を改変・翻案していた場合は、第38条は適用されないため、やはり著作権者の許諾が必要です。

文化祭のステージを動画に残したい

Q：学芸会や文化祭で児童生徒が発表を行っている様子を動画として保存しておきたいのですが、このとき注意すべきはどのようなことでしょう？

A：同意書のような文書を作成して、保護者連名で許諾を得ておくのがよいと思います。

■学校に所属している児童生徒が演じている場合でも、許諾が必要になるのでしょうか？

□児童生徒の活動でも、第2条（定義）第1項第3号で「著作物を、演劇的に演じ、舞い、演奏し、歌い、口演し、朗詠し、又はその他の方法により」演じたものには、**実演家の権利が生じます**。それを動画として記録することは録音・録画にあたるので、厳密にいえば、学校として記録・保存するにあたっては、該当する児童生徒の許諾が必要です。実演家には著作隣接権としての録音権・録画権があるからです（第91条第1項）。**未成年の場合、保護者の同意も必要でしょうから、同意書のような文書を作成して、保護者連名で許諾を得ておくのがよい**と思います。

その際、撮影した動画を何年間保存するのか、保存してある間、どのように利用されるのかを説明しておくのが丁寧でしょう。

また、発表の中で利用されている著作物にも当然著作権があります。例えば合唱の発表なら、記録（複製）や保存するにあたって、通常の利用は作詞家・作曲家に許諾を得ることになりますが、授業の過程（文化祭を含む）の複製であれば第35条第1項で無許諾で行えます。

解説❶ どんなケースでも、動画撮影のためには許諾が必要になる？

　クラスで行った発表を記録しておいて、後に学級会で反省会を行うために動画録画しておく、などという使い方の場合は別です。学級会やホームルームは第35条（学校その他の教育機関における複製等）にいう「授業の過程」にあたりますから、許諾なしに複製することが許されます。

　ただ、第35条で許容されるのは、「必要と認められる限度において」ですから、この際も、長期間、許諾なしに保存してもいいというわけではありません。**授業の目的である学級会が終わったら、速やかに破棄するのが著作権法上正しいやり方**です。

　また、「用途並びに当該複製の部数及び（略）態様に照らし著作権者の利益を不当に害する」ことのないようにしなければなりませんから、不必要な部数をコピーしたり、コピーしたものを不用意に配布したりすることなどはできません。

解説❷ 児童生徒は実演家

　この場合、目の前にいる子どもたちは「実演家」です。実演家としての著作隣接権者（児童生徒）が目の前にいるわけですから、どういう利用の仕方がその子どもたちの権利を侵害することになるか、これを機に考えてみると良いと思います。

解説❸ 児童生徒の「家族」が動画を撮影する場合と、「学校」が動画を撮影する場合

　「家族」が動画を撮影する場合は、ご自身のお子さんだけであれば、第30条（私的使用のための複製）となりますから、許諾はいりません。しかし、動画には他の児童生徒も写り込んでいることがほとんどです。保護者が撮影した動画がインターネット上に投稿される事例も多くなってきています。保護者間での合意が得られるように、許諾を得ておくと良いでしょう。学校によっては、保護者の撮影を禁止とする場合もあります。

まとめ

学芸会や文化祭での児童生徒の発表を動画に撮る場合 は、

⇨原則として、児童生徒の許諾が必要。

⇨撮影した動画の授業の過程における利用については、第35条の例外規定にあてはまるため、複製することができる。

ここに注意！

　個人情報保護の視点を大切に！

　児童生徒の発表を動画に撮っておくことは、著作権の問題は別にして、個人情報保護の観点から考えてみることも必要です。学校の一般の公文書でさえ保存期間が規定され、それが過ぎれば速やかに破棄することになっています。動画には児童生徒の顔・声・行動・名前などが記録されることになるでしょう。そのせいで具体的にどのような不利益が生じるか、一概にはいえませんが、これを「学校が」児童生徒に無断で、期間の明記もなく記録しておくことは、いかがなものかと思います。この点からも、記録・保存にあたっては児童生徒・保護者の許諾が必要になるでしょう。

楽譜をコピーしたり、改変したりしたい

Q：音楽の授業で利用するために、学校が所有している市販のワークブックの楽譜を、児童生徒分コピーし、利用してもよいでしょうか？

A：**いけません。** 許諾を受けてコピーするか、児童生徒分の楽譜を購入することが求められます。

■なぜダメなのでしょう？　第35条（学校その他の教育機関における複製等）では、授業の課程における利用が目的であれば、著作物を複製できるとあります。音楽の授業で利用するのであれば、複製することができるのではないでしょうか？

□たしかに第35条で教師が授業で使うために、楽譜や歌詞をコピーして児童生徒に配ることは認められているのですが、この場合、市販のワークブックであることに問題があります。第35条には、「著作権者の利益を不当に害することとなる場合は、この限りではない。」とあります。**授業の教材として使う楽譜であっても、市販のワークブックをコピーして配付することは、権利者等の利益を不当に害する可能性が高いため、楽譜出版社等の著作権者から許諾を受けるか、人数分の楽譜を購入する必要があります。**

解説❶ **市販のワークブック等でなければコピーして利用することはできる？**

市販のワークブック等でなければ、第35条（学校その他の教育機関における複製等）により、教師が授業で使うために、楽譜をコピーして児童生徒に配る際に、許諾は必要ありません。また、学校行事である入学式、卒業式、音楽祭などの特別活動は、授業に該当するため、参加する児童生徒を対象としたコピーの配布は、許諾を受けずに行うことができます。

解説② 楽譜を載せたプログラムを印刷して、保護者や地域の方に配付することはできる？

第38条第1項では、「営利目的ではないこと」「無料であること」「出演者に報酬が支払われないこと」の3つの条件を満たしている場合には、著作権者の許諾を受けずに著作物を演奏することが認められています。しかし、**著作物を複製して掲載することについては、この規定は適用されません。**

また、第35条第1項（学校その他の教育機関における複製等）では、授業の課程における利用が目的であれば、著作物を複製できるとあります。ただし、音楽祭や運動会などのプログラムに楽譜や歌詞などを載せ、大量に印刷して保護者や地域の方に配付することは第35条でカバーできるものではなく、「著作物の複製」にあたるため、学校の授業であっても、許諾を受ける手続きが必要となります。

解説③ 吹奏楽部や合唱部等の部活動で、各自が購入した楽譜を、書き込みをするためにコピーすることはできる？

音楽の授業や吹奏楽部等の部活動で楽譜を使う際には、歌い方や演奏の仕方などの注意点を直接楽譜に書き込むことがあります。一度書き込んでしまうと、消したり、修正したりしているうちにわかりにくくなってしまうため、練習用としてコピーをとりたくなることもあるでしょう。

第30条第1項では、個人的にまたは家庭内その他これに準ずる限られた範囲内において使用することを目的として、使用する本人が楽譜などをコピーする場合は、著作権者の許諾を受けずに行うことが認められています。**個人的な利用の範囲内で、楽譜のコピーを行うことには問題はありません。**

解説④ 楽譜を改変して、コンクールや音楽祭で演奏できる？

楽譜を改変してコンクール等で演奏することは、第38条（営利を目的としない上演等）は編曲した楽曲の演奏を想定していないので、カバーできません。演奏権（第22条）侵害の問題や、翻案権（編曲権）（第27条）侵害が成立する場合があります。ただし、楽譜の改変が第35

特別活動で

条の「授業の過程」で行われたものであるなら、編曲自体はできます（第47条の6第1項第1号）。改変した楽譜を「授業の過程」とは言えない学外のイベントで演奏するには権利者の許諾を得る必要があるということです。

また、第20条には、「著作者は、その著作物及びその題号の同一性を保持する権利を有し、その意に反してこれらの変更、切除その他の改変を受けないものとする。」とあります。著作者人格権の「同一性保持権」という権利で、著作者は、著作物のタイトルと、その内容を、自分の意に反して勝手に改変されないという権利です。したがって、楽譜についても、作曲家に無断で楽譜を改変することは**「同一性保持権」侵害になり、学校以外での演奏には注意が必要**です。

ただし、日本国内の吹奏楽コンクールや演奏会などで発表する際には、ある程度の改変や演奏時間規定に伴う一部のカットについては、著作者側も許諾している場合もあるので、許諾が受けられるかについて、確認してみるとよいでしょう。

- - - - - - - - - - - - **まとめ** - - - - - - - - - - - - -

市販のワークブックの楽譜を、児童生徒分コピーし、利用することはできない。

⇨許諾を受けてコピーするか、必要な人数分購入する。

⇨楽譜を載せたプログラムを印刷して、保護者や地域の方に配付する時には許諾が必要。

⇨楽譜を改変し、学校外で演奏する時には許諾が必要。

ここに注意！

　第35条の規定にある「授業の過程の範囲内」であっても、児童生徒が購入していない市販のワークブック等の楽譜はコピーしてはいけません。また、保護者や地域に向けたホームページや学級通信などにも、楽譜や歌詞を掲載することはできませんので、気をつけましょう。

学校図書館で著作物を利用したい①

Q：公共図書館に行くと必要な資料の複写ができますが、学校図書館でも同じように複写をしたり、他の公共図書館のように DVD などを借りたりできるのですか？

A：公共図書館は著作権法第31条において複写をすることが認められています。しかし、学校図書館はここには含まれないので、**複写や貸し出しは同じようにはできないことがあります**。

■では、学校図書館の本を複写したり DVD を借りたりすることはできないのですか？

□学校図書館は学校の中にありますので、授業の過程での利用であって、著作権法第35条の適用範囲であれば、無許諾無償での複製が可能です。DVD は「映画の著作物」と考えられ、DVD の貸し出しは、著作権法では「頒布権」（第26条）の問題となり、第35条の問題ではありません。第35条の授業目的の権利制限対象は「複製」、「公衆送信」、「公の伝達」です。図書の複製等とは別の扱いがされています。公共図書館では、権利者への補償金を支払うことで許諾を得た DVD の貸し出しができますが、**学校図書館は貸出ができる施設に含まれていません**。

解説① **学校図書館は、公共図書館とは位置づけが異なるため、目的、対象の違いなどから、同じように複製はできない？**

その通りです。著作権法第31条に「国立国会図書館及び図書、記録その他の資料を公衆の利用に供することを目的とする図書館その他の施

設で政令で定めるもの」とあり、「図書館等における複製等」という規定は、図書館等の公共的機能から、ある要件を満たすことを条件に、権利者の許諾を得ることなく、利用者の求めに応じて複写して提供できることになっています。その要件とは以下のようなものです。

・調査研究のため
・公表された著作物の一部分
・一人につき一部
・図書館資料の保存のための必要
・絶版等入手困難な図書館資料の複製

　しかし、**学校図書館はこの第31条の規定には含まれていません。**学校図書館は、その目的を「図書、視覚聴覚教育の資料その他学校教育に必要な資料を収集し、整理し、及び保存し、これを児童又は生徒及び教員の利用に供することによって、学校の教育課程の展開に寄与するとともに、児童又は生徒の健全な教養を育成すること」と学校図書館法で定められています。教育課程の中で寄与すると書かれており、その運用では「図書館資料を収集し、児童又は生徒及び教員の利用に供すること」が求められているので、授業の中で学校図書館の資料を利用することは、その範囲として当然のことなのです。授業の中では著作権法第35条の以下の規定に沿って学校図書館の著作物も無許諾無償で利用することができるのです。

・教育を担任する者、授業を受ける者
・授業の過程の利用
・必要と認められる限度
・公表された著作物
・著作権者の利益を不当に害することとならない

解説2 DVD等の映像資料は、図書館において、図書、雑誌、音楽CD等の資料の貸し出しとは異なる扱いがされる？

　そうなります。著作権法第26条の3(貸与権)にはこうあります。「著作者は、その著作物(映画の著作物を除く。)をその複製物(映画の著

作物において複製されている著作物にあつては、当該映画の著作物の複製物を除く。）の貸与により公衆に提供する権利を専有する」。DVD等の映像資料は「映画の著作物」として、この貸与権では除かれています。著作権法第26条（頒布権）に「著作者は、その映画の著作物をその複製物により頒布する権利を専有する。」とあり、頒布権はビデオソフトの著作者が専有するものであるので、許諾を得ないと貸し出しはできません。また、映画の著作物につき補償金を支払うことで貸与できる施設は著作権法第38条第5項で「営利を目的としない政令で定める視聴覚教育施設等」とされ、著作権施行令第2条の2では以下のように限定され、かつ、相当な額の補償金を支払わなければならないとされています。

・国又は地方公共団体が設置する視聴覚教育施設
・図書館法第2条第1項の図書館
・前2号に掲げるもののほか、国、地方公共団体又は一般社団法人等が設置する施設で、映画フィルムその他の視聴覚資料を収集し、整理し、保存して公衆の利用に供する業務を行うもののうち、文化庁長官が指定するもの

　図書館法第2条第1項では「学校に附属する図書館又は図書室を除く」とされているので、**学校図書館ではDVDの貸出はできません。**

・・・・・・・・・・・・・・・　**まとめ**　・・・・・・・・・・・・・・・

公共図書館と学校図書館はその性質が異なる。

⇨図書館法第2条第1項で学校図書館は、公共図書館とは異なるものとされている。

⇨公共図書館は著作権法第31条の範囲、学校図書館は著作権法第35条の範囲で複製することができる。

⇨DVDは、頒布権に基づいて著作権者と合意した上で貸出が行われ、図書等の貸出とは異なる。

学校図書館で著作物を利用したい②
― 図書の紹介 ―

Q：オンライン授業で新着図書を紹介したり、図書館だより
や掲示物で紹介したいのですが、表紙や本の一部を利用す
ることはできますか？　また、学校ホームページでも同じ
ようにできますか？

A：図書館だよりや掲示物で児童生徒に新着図書を紹介する
ことが第35条第1項の要件を満たす「授業の過程」の一環
と評価できる場合であれば、表紙や本の一部を利用するこ
とができます。他方、学校外の一般の人も閲覧できるよう
な形のホームページに掲載することは「授業」目的の公衆送信とは言え
ないのでできません。

■著作物である表紙を、新刊図書の紹介で利用する時に、
どのような利用の仕方であれば使ってもいいのでしょうか。

□第35条の要件（①学校その他の教育機関であること、②
教育を担任する者及び授業を受ける者による複製等である
こと、③授業もしくは授業の過程における利用であること、
④必要と認められる限度内であること、⑤公表された著作
物であること、⑥利用の態様が著作権者の利益を不当に害することとな
る場合でないこと）を満たす利用のしかたであれば、購入した書籍の表
紙や本の一部を利用することができます。その書籍を特定するために示
していて、特に「著作権者の利益を不当に害する」ことがないように配
慮することが重要です。授業の中で紹介する場合だけでなく、図書館だ
より等も「授業の過程」の一環と評価できる場合であれば利用できると
考えられます。

　また、本文の一部を引用した、その書籍の特徴を紹介する書評であれ
ば、第32条の引用の要件を満たしているので紹介することができます。

しかし、学校外の一般の人も閲覧できるような形のホームページに書籍の表紙等を掲載することは「授業」目的の公衆送信とは言えないのでできません。

また、上記の要件のどれかを欠くような第35条の利用の範囲を超える場合は、学校が行う教育活動でも、著作物の利用には著作権者の許諾が必要となります。

解説① 書籍を紹介する時に、そのものをはっきりと示すために表紙をそのまま使う形で利用したいのですが……。

図書館のブックリストや、新刊などを掲示するお知らせであれば、その本の存在を明示する必要がありますし、他の書籍と区別するため、表紙や、書籍の名称等を使うことは欠かせません。上記のとおり、第35条第1項の要件を満たせば、表紙をそのまま複製して利用することはできます。

学校図書館の掲示物としてポップなどを作成する際に、登場するキャラクターのイラストなどをレイアウトにあしらって使うケースを見かけることがありますが、これは、「必要と認められる限度」とはいえず、そのような場合には、出版社に許諾を得る方がよいでしょう。

著作権法第35条の「授業の過程」に当てはまらない場合には、学校が行う教育活動でも、著作物の利用には著作権者の許諾が必要です。本の紹介で表紙などを利用するにあたっては、著作権者（作者・画家など）の許諾を得るために、その本の出版社に連絡を取ることが一般的で、出版社によっては、WEBサイト上で許諾の連絡先や、無許諾で行える活動の範囲などが示されている場合もあるようです。（参考：https://www.j-sla.or.jp/info-copyright.html　公益社団法人全国学校図書館協議会「学校が児童生徒に本を紹介する際の、表紙画像等の著作権について　2024年6月5日閲覧」）

解説② 本文の一部分を抜き出して引用する書評で、書籍を紹介することはできますか？

一部を抜き出して紹介する書評は、第32条の要件を満たせばできま

す。また、書籍の紹介をするときには、内容を要約して要旨を示したり、書評の形で、その書籍がどのような内容の本であるかを伝えたりすることも考えられます。要約の場合は、著作権法第27条の翻案にあたる場合もありますが、いわゆる「要約引用」も第32条の要件を満たし、かつ、その要約がその書籍の内容・趣旨を忠実に示している限り、判例は引用の成立を認めています（「血液型と性格事件」東京地裁平成10年10月30日判決・平成7年（ワ）第6920号）。また、要約引用として認められる場合は、通常、同一性保持権についても「やむを得ない改変」と解釈する傾向にあります。

　引用の要件は、
①公表された著作物であること
②引用の場面であること
③公正な慣行に合致していること
　　具体的には「　」で括るなど引用する側と引用される側を明瞭に区別すること
　　（明瞭区別性）、質的にも量的にも引用する側が主で引用される側が従たる関係
　　にあること（主従関係）
④引用の目的上正当な範囲内で行われること
⑤第48条第1項第3号：「出所の明示」
です。
以上の要件を満たし、学校図書館の本を紹介することは可能です。

・・・・・・・・・・・・・・ まとめ ・・・・・・・・・・・・・・

学校図書館での新刊本の紹介などで、書籍を利用することができる。

⇨第35条及び第48条、第32条の要件を満たすこと。

⇨同一性保持権を損なわないように、利用する。

⇨書評として、本の紹介をすることができ、本の一部を引用することができる。

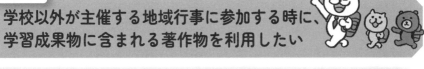

学校以外が主催する地域行事に参加する時に、学習成果物に含まれる著作物を利用したい

Q：地域の公民館が主催する文化祭で絵画を募集しています。児童生徒が授業で描いたとても上手な絵を預かっていたので、こっそり出品してもよいでしょうか？

A：それは問題があります。絵を描いた児童生徒本人から許諾をもらう必要があります。

■どうして許諾が必要になるのでしょう？　作ったのは子どもですし、学校の授業で描いた作品なら、教師が自由に使ってもよいのではないですか？

□**それは違います。**第2条第1項第2号には、著作者は「著作物を創作する者をいう。」とあり、作品を作った人が著作権を持ちます（第17条第1項）。したがって、該当の児童生徒に授業をした教員であっても、学校以外が主催する地域行事に、その絵の著作権を持つ児童生徒の許諾をとらずに出品することはできないのです。

<hr />

解説① 経済的な価値があるとは思えない児童生徒の作品にも著作権はあるの？

　第2条第1項第1号には、著作物は「思想又は感情を創作的に表現したものであつて、文芸、学術、美術又は音楽の範囲に属するものをいう。」とあり、子どもの作品であっても、それなりに作り手の個性が表れていれば著作権法で保護されます。また、創作性とは、その人なりの個性が表れていれば満たされるため、その作品に芸術的、学術的又は経済的な価値があるかどうかを問われることはないのです。したがって、児童生徒が、学校の図画工作や美術の時間に描いた絵や国語の時間に書いた作文、総合的な学習の時間に作ったプレゼンテーションなど、ほとんどのものが著作物となります。

解説 2 児童生徒の作品を学校外で利用する時に確認すべきこととは？

　学習成果物のほとんどが児童生徒の著作物に当たるのであれば、学校以外が主催する地域行事に児童生徒の作品を出品する場合、児童生徒の許諾を得ておく必要があります。ここでは、「地域の公民館が主催する文化祭に絵画を出品する」という例で、著作物の扱いについて考えてみます。

　著作者の権利は、人格的な利益を保護する著作者人格権と財産的な利益を保護する著作権（財産権）の二つに分かれます。著作者人格権については、著作者には「自分の著作物で、まだ公表されていないものを公表するかしないか、公表するとすれば、いつ、どのような方法で公表するかを決めることができる権利」である「公表権」（第18条第1項）が認められています。学校の授業の課題として教師に提出した絵画を、学校以外が主催する地域行事で公開することについては、公表権に関する児童生徒の同意が必要になるのです。

　また、「氏名表示権」（第19条第1項）により、著作者の氏名を表示するかどうかについても確認が求められます。さらに、「同一性保持権」（第20条第1項）により、著作者には著作物の題名や内容を勝手に変えられない権利が認められていますので、たとえ絵を指導した担当教員であっても、児童生徒の意に反する改変は原則としてできません。

　絵画をパンフレット等に印刷して不特定または特定多数の人たちに配付する場合は、「著作権（財産権）」の「複製」（第21条）と「譲渡」（第26条の2第1項）に該当しますので、これについても著作者である児童生徒に「複製」と「譲渡」の許諾を得る必要があります。

　また、児童生徒の作品が地域の公民館が主催する文化祭で「展示」される場合は、展示権（第25条）の許諾も必要です。

　著作権法の規定を厳格に運用すると、このように児童生徒の学習成果物である作品を利用する際には、著作者から様々な同意や許諾を得る必要があります。しかし、一つひとつ確認することは大変な手間になりますので、描いた絵を地域行事で公開することや、印刷等の利用の仕方を明確に示してから作品作りに取り組むことで、円滑に利用できるようにするとよいでしょう。

解説③ 児童生徒の許諾があれば、どんな作品でも学校以外でも公開できる？

　第30条（私的使用のための複製）では、家庭内で仕事以外の目的のために使用するために、著作物を複製することができるとされています。また、第35条（学校その他の教育機関）には、授業の課程で利用する目的で行うコンテンツの「複製」などは認められています。先ほどの「絵を描く」という例で言うと、児童生徒が家庭や学校で、ディズニーやジブリのキャラクターをまねて絵を描くことに著作権者の許諾は必要ありません。しかし、まねて描いた絵が含まれる作品を、本人の作品（著作物）として、学校以外で公開することは、上記の第30条の私的使用に当たらず、第35条の授業目的の複製等にも当たらず、できません。家庭・学校内と学校以外での学習成果物の取り扱いについては、分けて考える必要があります。

> ・・・・・・・・・・・ **まとめ** ・・・・・・・・・・・
>
> **学校で作った児童生徒の作品にも著作権はある** ので、
>
> ⇨ 児童生徒の許諾なく、学校以外が主催する地域行事に出品することはできない。
>
> ⇨ 私的使用のためや、授業の過程で「複製」して作った作品を、学校以外で公開することはできない。

ここに注意！

　学校以外が主催する地域行事の他にも、教育委員会が主催する作品展やコンクール等に児童生徒の作品を出品することがあります。その際にも、作品の中に、キャラクターを連想させるイラストや企業のロゴ、他の人が撮った写真などが使われていないか確認することが必要です。また、インターネット上で公開する際も同様となりますので、気をつけましょう。

学習者が自主的に市販の書籍等を使う場合は？

Q：探究学習や STEAM（Science、Technology、Engineering、Arts、Mathematics）などの教科横断的な課題解決型学習で、学習者が自主的に市販の書籍等を使う場合の著作権の扱いはどうなるのでしょうか？

A：総合的な学習（探究）の時間などで、児童生徒が調べ学習の成果を資料にまとめ、クラス内に配布するような学習形態で、その資料に児童生徒が他人の著作物を複製利用する場合は、教師が行う場合と同様に、第35条（学校その他の教育機関における複製等）により著作権者の許諾を得ずに行うことができます。

第32条（引用）の適用を受ける引用として著作物を利用する場合もあると思いますので、引用の要件についても事前に学習しておくと良いでしょう。

なお、児童生徒が学習成果を WEB 掲載するなど、外部発表するような場合は、第35条第1項の「授業の過程」に該当しないので、他人の著作物の利用について許諾や使用料の支払いが必要なケースがあります。第35条や第30条（私的使用のための複製）の範囲を越える著作物の利用について、手続きが必要であることを児童生徒に説明しておくことも必要です。

プロの写真家が販売している写真を勝手に複製して、発表資料の中に掲載し WEB 公開した案件について、損害賠償請求がなされた事例があります。

■市販の書籍や WEB サイトなどから引用して使う場合はどのようにしたら良いのでしょうか？

□「引用」はレポートや論文に不可欠です。適切な方法であれば他人の著作物や研究成果を引用として利用することができます。自分の調査研究がこれまでのどのような研究をふまえたものであるかを示したり、他の研究と比較して独自性を示したり、根拠をあげたり他人の考えを説明する際に「誰がいつどこに書いたものか」を明らかにして引用します。引用は公表された著作物について、引用の目的上正当な範囲内で行い、引用部分の区別を明確にし、出所を明示する、など公正な慣行に合致した利用をしなければなりません。

第32条「引用」の要件

①公表された著作物であること

②引用の場面であること

③公正な慣行に合致していること

　　具体的には「　」で括るなど引用する側と引用される側を明瞭に区別すること（明瞭区別性）、質的にも量的にも引用する側が主で引用される側が従たる関係にあること（主従関係）

④引用の目的上正当な範囲内で行われること

⑤第48条第1項第3号：「出所の明示」

具体的な方策としては、

【短い直接引用】

①引用部分を「　　」で括る。

②引用の終わりに（著者の姓、出版年、該当ページ）を記載し、参考文献一覧に文献の詳細情報を記載する。

【長い直接引用】

①引用部分の前後を1行空けて、引用部分を字下げするなどして、自分の文章と区別する。

②引用部分の終わりに（著者の姓、出版年、該当ページ）を記載し、参考文献一覧に文献の詳細情報を記載する。

【間接引用】

①引用元の文献を自分の言葉で要約する（著者の意図を変えないこと）。

②引用部分の前後の文章表現で、引用部分を明確に区別する。（例：○○氏は、・・・・と言っている）

③引用部分の終わりに（著者の姓、出版年、該当ページ）を記載し、参考
　文献一覧に文献の詳細情報を記載する。

　WEB サイトの引用の場合は、参考にしたサイトの URL に加えて、
改変がある場合に備えて、参照した年月日も付記すると良いでしょう。
　なお、上記いずれの場合も、引用が質的にも量的にも引用する側が主
で引用される側が従たる関係にあること（主従関係）に注意してください。

解説① eスポーツでの実況動画の配信や、3D映像制作アプリを用いて作成した画像の利用ができる場合

　eスポーツに関して、ゲームプレイ画面の実況映像が YouTube など
で動画配信されていることがあります。プレイ動画は映画の著作物にあ
たります。ゲーム画面は当然ゲーム会社が権利を持つ著作物であり、そ
れを複製し翻案し配信する行為は、他人の著作物の利用にあたります。
　ゲーム機や PC に表示されるプレイ動画を録画・編集する際に、解説
を加えて実況するなど、プレイ動画とは異なる新たな創作的表現を付与
している場合は、実況動画も二次的著作物としての保護を受け、作成者
は新たに付与した創作的部分についての著作者となります。二次的著作
物は、原著作物を翻案したものですので、その作成やネットへのアップ
ロードには原著作者の許諾が必要です。
　eスポーツのケースでは、ゲームアプリの使用条件の中に、プレイ動
画配信などの著作物の二次利用が許諾されている場合は、その許諾条件
の範囲内で利用することができます。著作権者（ゲーム会社）により異
なりますが、黙認したり、禁止したりする場合があるほか、ゲーム全体
の中で実況動画をアップできる範囲（第○章から第○章まで等）を具体
的に示したり、ソフトウェア名を明示するとかゲーム会社へのリンクを
設けるといった条件を付して許諾しているケースがあります。ゲーム会
社が利用者の実況動画配信の場合のガイドライン（利用条件）をホーム
ページ等で表示している例が多いので、ガイドラインやポリシーをご確
認ください。
　映像制作アプリを用いて制作した映像などの著作権については、紙や

鉛筆のような道具としてのアプリの使用であれば、アプリ開発会社ではなく、映像の制作者が著作者となります。ただし当然のことですが、その素材の中に他人の著作物を含む場合には、素材の著作権者の許諾がなければ利用や配信などを行うことはできません。イラストや写真、映像クリップ、BGM音源などで、フリー素材として使用できるものが公開されているケースがありますが、それぞれの素材の使用条件は異なりますので、使用条件を確認した上で利用するようにしましょう。

・・・・・・・・・・・・・ まとめ ・・・・・・・・・・・・・
調べ学習の成果発表などに、他人の著作物を利用する場合、授業の過程では比較的自由に行えるが、外部発表を想定した場合はより慎重な取り扱いが求められる。 ルールに則った引用など、授業の場を離れても通用するような形態で著作物を利用する習慣をふだんから身につけるようにしよう。

ここに注意！

　他人の著作物を使わせていただいているという意識を持ち、敬意と誠意をもって著作物を取り扱うことが最も重要です。

CASE2-13

学校以外が主催する行事の中でも
授業と同じように著作物を利用したい

Q：地域の公民館が主催するイベントに、児童生徒がバンド
を組んで出場しようと思っています。人気のあるロックバ
ンドの楽曲をコピーして演奏してもよいでしょうか？

A：「営利を目的としない上演等」の条件がそろっていれば、
来場者の前で演奏してもかまいません。

■なぜ、大丈夫なのでしょう？　第35条（学校その他の教
育機関における複製等）には、授業の過程で利用する目的
で行うコンテンツの「複製」などは認められています。でも、
このイベントは「学校」が主催ではないので、著作者の許
諾が必要ではないですか？

□第38条の「営利を目的としない上演等」の条件を満たし
ていれば、著作権者の許諾は必要なく、コピーバンドの演
奏ができるのです。

解説❶ **許諾なくコピーバンドで演奏してよい条件とは？**

他の人が著作権を持つ楽曲を演奏し、来場者から料金をもらう場
合には、著作権料の支払いが必要です。他人の著作物を利用して利益を
得るのですから、著作者にも還元されるのは当然の権利だと考えられま
す。

　第38条第1項（営利を目的としない上演等）には、「公表された著作
物は、営利を目的とせず、かつ、聴衆又は観衆から料金を受けない場合
には、公に上演し、演奏し、上映し、又は口述することができる。ただ

し、当該上演、演奏、上映又は口述について実演家又は口述を行う者に対し報酬が支払われる場合は、この限りでない。」とあります。

　つまり、学校の授業でなくても、公表された音楽の著作物であることを前提に、第38条の次の3つの条件を満たすことで、著作者の許諾なしで、著作権料を払わずに演奏することが可能になります。

1　非営利　　営利を目的としない
2　無料　　　観客や聴衆から料金を取らない
3　無報酬　　出演者にお金を支払わない

　　児童生徒が学校以外の団体等が主催する行事に参加し、著作物を利用した発表等をする場合は、この要件を満たすことが多いと考えられます。

解説 2 　非営利ならどんなコンテンツでも利用することができる？

　第38条により、非営利での上演等で認められているのは「上演」、「演奏」、「口述」、「上映」、あるいは「（テレビ、ラジオを用いての）放送」、「公の伝達」、「貸与」です。これ以外は、たとえ非営利目的であってもできません。したがって、第35条（学校その他の教育機関における複製等）で、著作権の例外（著作者の許諾なくできること）として認められているコンテンツの「複製」はできません。また、運動会や音楽会などの学校行事では認められている、インターネット配信（自動公衆送信）で著作物を利用することもできません。

解説 3 　学校外のイベントでBGMを流すことはできる？

　夏には、全国各地で盆踊りなどのイベントが行われ、にぎやかな音楽が流れています。音楽を流すときに問題となる著作権は「演奏権」といわれるものです。第22条（上演権及び演奏権）では、「著作者は、その著作物を、公衆に直接見せ又は聞かせることを目的として（以下「公に」という。）上演し、又は演奏する権利を専有する。」とあります。上演とは、演奏以外の方法で著作物を演じることで、ライブに限ら

ず、CD や DVD 等を再生する方法も含まれます。

　誰でも参加できるような行事で音楽を流すことは、公衆に直接聞かせることを目的としていると考えられ、著作権者の「演奏権」を侵害しているのではないかという点が気になります。しかし、これに関しては、**解説1**の３つの条件を満たすことで、「演奏権」は制限され、著作権者等への許諾や著作権料の支払いの必要がなくなります。学校以外が主催する行事の中でも、BGM を流すことはできるのです。

- - - - - - - - - - - - - - - **まとめ** - - - - - - - - - - - - - - -

学校以外が主催する行事の中であっても、公表済みの音楽著作物であれば３つの要件を満たすことで、ライブ演奏したり CD や DVD 等を再生したりすることができる。

1　非営利　　営利を目的としない。

2　無料　　　観客や聴衆から料金を取らない。

3　無報酬　　出演者にお金を支払わない。

ここに注意！

　非営利、無料、無報酬なら、著作物を自由に使うことが許されているわけではありません。特に第 35 条（学校その他の教育機関における複製等）で定められている著作権の特例である「複製」と「公衆送信」は認められていないことに気をつけましょう。

CASE2-14

著名人を招いて、講演や演奏を
してもらいたい

Q：学校行事として著名人を招き、生徒や保護者を対象とした文化講演会を開催します。講演を録音して講演録を作成するのは第35条（学校その他の教育機関における複製等）で行うことができるのでしょうか？

A：**いいえ、第35条が適用されない場合があります。**児童生徒を対象とした学校行事は学習指導要領に特別活動として記載されており、（保護者が参観していても）授業の一環ととらえることができますが、保護者を講演会の対象としていることで授業の過程であるとは認められない可能性があります。

講演は言語の著作物（第10条第1項第1号）の「口述」（第24条）に当たります。録音したり、録音から文字起こしをして講演録を作成したりすることには、著作者である講師（著名であるか否かを問いません）の許諾が原則として必要ですので、あらかじめ講師依頼の際などに録音や講演録作成の了承を得ておくとよいでしょう。講演録を何に使うか、有償で出版するか否かなど複製物の利用方法や条件も明示する必要があります。

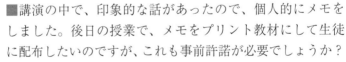

■講演の中で、印象的な話があったので、個人的にメモをしました。後日の授業で、メモをプリント教材にして生徒に配布したいのですが、これも事前許諾が必要でしょうか？

□個人的にメモをした行為は、口述された言語の著作物を私的使用のための複製（第30条第1項）をしたと解釈でき、著作者に無断で行うことができます。もちろん、複製したメモを販売するなど私的範囲を越える利用をしたい場合は、目的外使用となるため、著作者に許諾を得る必要があります（複製物の目的外使用等：第49条第1項第1号）。

「私的使用のための複製」で作成したメモを、授業の教材として利用する場合は、最初の「私的使用のための複製（第30条）」の行為が「学

校その他の教育機関における複製等（第35条）」であったと読み替えることになり、第35条の範囲で複製利用することができます。もちろん、出所の明示も必要で、「〇年〇月〇日△△△△氏の講演より」のように付記するとよいでしょう。

解説① 非営利目的のチャリティコンサートは楽曲の著作権使用料を払わなくてもよいのではないでしょうか？

　第38条（営利を目的としない上演等）に該当する場合は、無許諾で行うことができますが、公表された楽曲であることを前提に、①営利を目的とせず、②観衆から料金を受けない場合で、③演奏者に報酬が支払われないという要件があります。

　チャリティコンサートは、主催者には営利の意図がなくとも、寄付目的とはいえ入場料を徴収しますので、非営利とはいえません（「ハートフルチャリティーコンサート事件」東京地裁平成15年1月28日判決・平成13年（ワ）第21902号）。また、演奏者に出演料が支払われる場合は、演奏者にとっての営利目的行為ということにもなります。いずれの場合も著作物である楽曲の利用について著作権者の許諾が必要で、直接または著作権管理機関を通じて使用料を払う必要があります。

　また、コンサートという名称でも、音楽の授業として行う場合は「学校その他の教育機関における複製等（第35条）」が適用されますので、どのような目的と形態で行うのかを検討し、著作物利用の許諾が必要な場合は許諾を得てから利用するようにしましょう。

解説② 文化祭や学校外で会場を借りてのイベントの場合は？

　文化祭や体育祭などの学校行事は特別活動として教育活動に位置付けられ、著作権法第35条の教育目的の複製や公衆送信をすることができます。

　学校を離れて市民ホールやホテルなどの会場を借りて行うイベントであっても、「授業の過程」としてとらえられる教育活動にあたる場合もあります。会場使用料を賄うために、最小限の参加費を徴収する場合もあるかもしれませんが、実費の範囲内であれば営利行為とはなりません。

教育研究会などの教師や保護者向けのイベントの場合、「授業の過程」とはいえませんので、第35条の適用を受けることはできません。その際の著作物の利用は、第32条（引用）、第38条（営利を目的としない上演等）に該当するかどうかを検討し、それらの無許諾無償の使用条件に該当しない場合は、著作権者に著作物利用の許諾を得る必要があります。

解説③ イベントの内容をネット経由で配信する場合は？

　公衆送信として、一般には著作権者の許諾が必要です。第35条の適用を受けて遠隔合同授業を行う場合や、SARTRAS の補償金制度に登録することにより無許諾で配信することができる場合があります。

　また、YouTube など個人が映像をアップロードして配信するサービスでは、動画配信サービス側が JASRAC（日本音楽著作権協会）などと包括契約を結んで、利用された楽曲の使用料を負担している場合があります。その場合は個別に著作物利用の契約を交わす必要がありませんので、JASRAC 管理楽曲を含む動画を手続きなくアップロードすることができます。ただし、演奏に関して音源製作者であるレコード会社から著作隣接権の許諾が必要な場合や、PR 動画の場合には JASRAC の広告目的複製の許諾手続きが必要ということがありますので動画配信サービスの利用条件を確認しましょう。

・・・・・・・・・・・ まとめ ・・・・・・・・・・・

学校の教育課程に位置付けて行う講演会や演奏会などは、授業の一環として考えることができる。 ただし、参加対象や形態によって授業の範囲を逸脱する場合には、一般の講演会や演奏会のように著作物の使用許諾を得る必要がある。

ここに注意！

　著名人であっても、特別非常勤講師などとして学校が雇用契約を結んだ教職員である場合には、学校の授業として講演や演奏を行うことができる場合があります。

CASE3-1

職員会議で新聞のコピーを配りたい

Q：職員会議の参考資料として、新聞や雑誌の記事をコピーして配りたいのですが、問題はあるでしょうか？

A：あります。ただし、「事実の伝達にすぎない雑報及び時事の報道」であれば利用可能です。

■「事実の伝達にすぎない雑報及び時事の報道」とはどういうものなのですか？

□文化庁は「『事実の伝達にすぎない雑報及び時事の報道』とは、いわゆる人事往来、死亡記事、火事、交通事故に関する日々のニュース等単に事実をら列したにすぎない記事など、著作物性を有しないものをいう」としています。第10条（著作物の例示）第2項に「事実の伝達にすぎない雑報及び時事の報道は、前項第1号に掲げる著作物に該当しない。」とありますので、**この範疇に入る記事ならコピーができる**ということです。

解説❶ 事実を伝えているのが新聞記事なのだから、基本的に新聞はコピーができるということ？

　ちがいます。第10条第2項でいう「事実の伝達」を注意深く考えておく必要があります。

　いつ、どこで、だれが、何を、どのようにしたか、を伝えるのみの記事ならいいのですが、例えば、事故の報道であっても、被害者の悲嘆にくれる様子や、記者の見方などが書かれている記事もあります。なかには記者の署名入りの記事もありますね。こういう記事には、**記者のものの見方や感情が表現されていますので、単なる事実の伝達ではありませ**

んから、コピーはできません。

　また、複製利用する場面が「職員会議」なので、第35条の「授業の過程における利用」にもあてはまらないため、**第35条を根拠に複製することもできません。**

<hr />

解説❷ でも、「職員会議」というごく限られた範囲でのコピーなのだから、「私的使用」にあてはまるのでは？

　第30条第1項の（私的使用のための複製）における「私的使用」は、「個人的に又は家庭内その他これに準ずる限られた範囲」での利用のことなので、**校務である職員会議等はやはりあてはまりません。**

<hr />

解説❸ 「職員会議」で新聞記事などのコピーを利用するための現実的な方法は？

使い方の工夫が必要です。

1.　記事を選ぶ

　　前述のように、「事実の伝達」のみの記事には著作権は及びませんので、そういう記事を選ぶというのが一つの手段です。（しかし、新聞記事などはほとんどが著作物である、と考えておいたほうがいいと思います。）

2.　引用する

　　会議の資料として使いたいなどの場合、紙面まるごとが必要なわけではなく、「記事の一部を参考資料として使いたい」というようなケースもあると思います。そのようなときは、「引用」の通例に従って、引用する文章と引用される文献とを明瞭に区別し、主従の関係を保つよう引用した部分を区別しながら、出所を明示し、必要かつ最低限の範囲で資料の中に引用するという手があります。

3.　データのみを使う

　　会議の資料として、掲載されたデータのみを使いたいという場合があります。**データそのものは、第2条（定義）の「思想又は感情を創作的に表現したもの」にはあたらないとされていますので自由**

に利用できます。ただし、新聞では読者にわかりやすく紙面構成するために、データを表組みにしたりグラフ化したりと工夫して掲載されているものがあります。その場合は、グラフや表にも新聞の編集著作物としての権利が生じますので、そのままコピーすることは避けておくべきです。「著作物性がない」として利用できるのは、あくまでも数値としてのデータですから、注意が必要です。

解説④ 公益社団法人日本複製権センター（JRRC）と契約する

　また、公益社団法人日本複製権センター（JRRC）と契約して新聞記事を日常的に組織内で利用できるようにする方法もあります。JRRC に複写権の管理を委託している新聞社が発行する新聞記事については、JRRC と「著作物複写利用許諾契約」を締結すれば、JRRC の使用料規程の範囲内でコピーして組織内で利用することができます。最近は、新聞著作権協議会加盟の新聞社の記事の「クリッピング・サービス」もあり、JRRC では新聞社のクリッピング契約代行業務が開始されています。新聞著作権協議会によると、一般社団法人日本新聞協会に加盟している 64 の新聞社と 3 つの通信社が新聞著作権協議会に加盟しており、新著協（新聞著作権協議会）が JRRC に加盟しているとのことで、権利処理の確かな利用が可能になります。詳しくは JRRC ほか各団体のホームページで詳細をご確認ください。

　公益社団法人日本複製権センター（JRRC）　https://jrrc.or.jp/

　新聞著作権協議会（CCNP）　https://www.ccnp.jp/

　日本新聞協会 (pressnet)　https://www.pressnet.or.jp/

・・・・・・・・・・・・ **まとめ** ・・・・・・・・・・・・

職員会議で新聞記事などをコピーする場合、
⇨「新聞記事＝事実の伝達」ではないので、必ずしも自由にコピーできるわけではない。
利用する場合には、
⇨「事実の伝達」のみの記事であれば複製可能。
⇨要件を満たして「引用」として利用するか、必要なデータのみを取り出すなら問題なく利用できる。
⇨日本複製権センター（JRRC）と契約するとよりクリアになる。

ここに注意！

　混同されることがありますが、「授業目的公衆送信補償金制度」は、「インターネット経由なら、自由に著作物を利用できる」というものではありません。この制度は、「授業の過程」で「必要と認められる限度」において、「著作権者の利益を不当に害さない」場合に、いままでは許諾が必要であった公衆送信のケースであっても、「有償なら無許諾で利用できる」という制度です。ですから、職員会議などで、オンラインで参加している教師に複製物を配布するような場合は、「授業目的公衆送信補償金制度」に該当しないことに注意しましょう。

CASE3-2

政府が公開している文書を集めて共有したい

Q : 政府が公開している文書であれば、自由に使ってよいと思いますが、実際のところどうでしょうか？

A : たとえば、「審議会の報告」と「裁判の判決」では著作権法上の扱いが異なります。政府の公開している文書であれば自由に使ってよいというわけではありません。

 ■じゃあ、「裁判の判例」を集めて判例集を作るような場合はどうですか？

 □裁判の判決は、第13条（権利の目的とならない著作物）第1項第3号に「裁判所の判決、決定、命令及び審判並びに行政庁の裁決及び決定で裁判に準ずる手続により行われるもの」とあるように、憲法・法令・告示・訓令・通達と同様に著作権法で保護されない著作物であるので、**自由に利用できます**。判例集を作るのも問題ありません。ただし、権利の対象とならないのはあくまで「判決文」ですので、よくある判例雑誌に判決文とともに掲載されている囲み記事、紹介・解説記事は著作権法の保護を受ける著作物となりますので、判例集を作成する場合は気をつけてください。

 解説① 「中教審での審議の流れ」がわかるよう、資料集を作るような場合は？

　同じ政府の文書ではありますが、審議会の報告は第13条には当てはまらず、第32条第2項にある「国等の周知目的資料」に当たります。そのため、文部科学省の**中央教育審議会（中教審）の報告の場合、文部科学省が著作権を保持する**ことになります。

著作権法第32条第2項にはこうあります。

国等の周知目的資料は、「説明の材料として新聞紙、雑誌その他の刊行物に転載することができる。ただし、これを禁止する旨の表示がある場合は、この限りでない。」

つまり、第32条第2項の対象となるものは著作物としての権利を認めた上で「転載」を可能にしているということです。国・地方公共団体などが周知させることを目的に作成したものですから、国等の広報活動だけでなく、一般にも広報してもらえるならばそれだけ広く周知できるという意図で、転載を認めていると解されています。例えば、白書・調査統計資料・広報資料、各省の審議会報告書などがこれに当たります。

中教審の報告は、一般に周知させることを目的として作成された「周知目的資料」にあてはまると思われますので「転載」ができると考えられます。しかし、「説明の材料として」というのは、その周知目的資料の内容を説明した上で、その付属資料として掲載するような場合を想定しているので、何の説明もなしに資料集を作るようなときは同条がカバーしない「複製」になります。

解説2 「国や地方公共団体が公表した著作物」であれば、自由に利用できる?

第32条(引用)第2項は、国や地方公共団体などが公表しているもので、許諾を得ずに転載できる場合を定めたものです。

以下が条文です。

第32条 (略)

2 国又は地方公共団体の機関が一般に周知させることを目的として作成し、その著作の名義の下に公表する広報資料、調査統計資料、報告書その他これらに類する著作物は、説明の材料として新聞紙、雑誌その他の刊行物に転載することができる。ただし、これを禁止する旨の表示がある場合は、この限りでない。

これを見ると自由に利用できるように思うかもしれませんが、同条は「説明の材料として…転載することができる」わけですから、その著作

物についてなんらかの説明を加えたうえで転載することが求められます。同条第1項の引用とは異なり、第1項のように厳密な「主従関係」はなくてもよいでしょうが、**官公庁の周知目的資料の説明のために転載するという使い方に限定されます。**

　また、数は少ないと思われますが、無断転載禁止の表示がある場合に気をつけてください。

解説③ 「転載」なら何でもフリーに利用できる？

　いいえ。説明材料として転載できるのは国等の著作の名義の下に公表する著作物なので、**未公表のものや国等の名義でないものは転載できません。**もちろん「転載禁止」の表示があるものも同様です。また、転載先は「新聞紙、雑誌その他の刊行物」として広範囲に認められます。さらに、第48条（出所の明示）により出所の明示が義務づけられますので気をつけましょう。

> ・・・・・・・・・ **まとめ** ・・・・・・・・・
>
> ### 政府の公開資料などを利用したい場合、
> ⇨第13条に該当するものは利用可能。
> ⇨第32条第2項に該当するものは説明の上、「転載」であれば利用可能。

ここに注意！

　文部科学省のホームページには著作権表示である Copyright が表示されています。国や地方公共団体が WEB に公開しているコンテンツにも著作権を保持したものがありますので、そのすべてが無断で複製・転載できるわけではないことに注意しましょう。

CASE3-3
校内で使われているソフトウェアを
自分に割り当てられたパソコンで使いたい

Q：学校が契約したソフトウェアを、自分に割り当てられた
パソコン（学校備品）にインストールして使いたいのです
が、できますか？

A：ソフトウェアの使用許諾契約の範囲内でソフトウェアの
コピーをインストールすることができます。使用許諾契約
にはインストールできる台数や、複数台インストールでき
る場合でも同時使用できる台数を限定しているものがあり、使用許諾契
約の条件を確認してからインストールするようにしましょう。

■校内で使われているソフトウェアを、自己所有のパソコ
ンで使いたい場合はどうすれば良いのでしょうか？

□ソフトウェアの使用許諾契約の内容を確認しましょう。
ソフトウェアによっては、教職員が自分のパソコンで使用
することを許諾している場合があります。たとえばマイク
ロソフト社の Office 365 Education は、認定教育機関に所属
する学生と教育者が無償で使用できるとされています。

また当然のことですが、異動や退職などによって当該校の勤務を離職
する場合には、ソフトウェアをアンインストールしなければなりません。

ソフトウェアの譲渡を受けて所有権を取得したわけではなく、ソフト
ウェアの複製の使用権を貸与されているのだと理解すると良いでしょう。

解説① フリーソフト
フリーソフトと呼ばれるライセンス料無料で使用できるソフト
ウェアや、シェアウェアと呼ばれる利用期間や機能に制約を設けて初

期の使用は無償のものがあります。また、GPL（GNU General Public License）に基づき、一定の条件のもとで自由に開発や使用ができるものもあります。それぞれのライセンス条件の範囲内において無償でインストールし使用できます。

　ただし、フリーソフトの中には、コンピュータウイルスやスパイウェアが仕込まれているケースもあるので、コンピュータ・セキュリティ上、学校のパソコンなどに勝手にインストールすることは控える方が賢明です。どうしても使いたい場合は、学校の情報機器管理者に相談し、ネットワークから遮断した状態で使うなど安全管理できる状況で使うようにしましょう。

解説2　ソフトウェアをインストールしたパソコンを廃棄する場合

　プログラムの著作物であるソフトウェア（第10条第1項第9号）は、第47条の3（プログラムの著作物の複製物の所有者による複製等）により、所有者がコンピュータで実行するために必要と認められる限度で複製して利用できることが保証されています。そして、所有権がなくなった場合には、その複製物を保存してはならないとなっています。パソコンを廃棄する場合、セキュリティ上の理由により保存されたデータは消去しますが、ソフトウェアについても他者によってライセンス外の使用がなされないように消去することが必要です。

　ただし、ソフトウェアの所有権が存続していれば、別の新しいパソコンにソフトウェアをインストールして使用を継続することはできます。ライセンスの種類により、利用者の人数によって制限するものもあれば、インストールする台数（CPU数）によって制限する場合もありますが、ソフトウェアをアンインストールして廃棄したパソコンの台数は除外できますので、その分新しいパソコンを追加できるということです。

解説3　自作ソフトの所有権・著作権

　ソフトウェアをプログラミングによって作成することは、創作的な活動であり、生み出されたソフトウェアは著作物です。製作した人に

著作権があり、所有権を貸与したり譲渡したりする権利も帰属します。

　ただし、職務上作成したソフトウェアは所属する法人が著作者となります（第15条第2項）。

　なお、書籍などに掲載されたソースコードを打ち込み、コンパイルして実行ファイルを作成するといった行為には、創作性はありませんので、作成された実行ファイルは、その人の著作物ではありません。もとのソースコードの開発者やその会社が著作者になります。

　生成系AIの登場により、AIがプログラムのソースコードを生成するケースがあります。この場合、AIは人ではないので、著作権を持つことはありませんが、AIを道具として使役し、指示を与えるなどして創作的にプログラムを生み出した人が著作者となり著作権を有すると考えるのが一般的です。

・・・・・・・・・・・・・・ **まとめ** ・・・・・・・・・・・・・・

ソフトウェアはプログラムの著作物（第10条第1項第9号）として著作権が保護されるので、勝手にインストールして使用することはできないが、使用許諾契約などでライセンスを受けて使用することが許可されている場合や、譲渡を受けて所有権を持つ人が複数台数に複製をインストールすることが許されている場合がある。

ここに注意！

　プログラムの著作物には、著作者人格権のうちの同一性保持権が制限されていて、移植や改良のために改変することが許容されている（第20条第2項第3）など、通常の著作物とは異なる取り扱いが規定されていることがあります。プログラムの著作物の取り扱いは、著作権法の各条項を確かめて誤解のないようにしましょう。

利用規定確認ポイント

　利用規定はソフトウェアやコンテンツを利用する時の条件が書かれている文章です。使い始める時、どのようなタイミングで規定が適用されるかをまずは確認し、その内容を理解した上で使うようにしなくてはなりません。どのような点を見て行けばいいのでしょう。

◇概要と利用条件

　ソフトウェアの利用規約には、コンテンツの概要や利用する時に何が必要かということが書かれています。ここで利用の目的が自分のやりたいことに合っているかの確認がまず必要です。目的に合わない場合には他のものを探さなくてはなりません。また、自分の環境で使えるかを確認しなくてはなりません。OSや端末が適応していないと使えません。学校の環境の場合には、ネットワーク環境もここに大きく影響してきます。

◇使用許諾の範囲

　著作物の扱いでは、どのようなことが許可されているかということの確認が最も重要です。個人での利用だけしか許可されていない場合には授業や校務での利用には支障が出てきてしまいます。また、そこにかかる料金も確認しなくてはなりません。どんな利用に対してどのくらいの料金がかかるのか。あるいは、お金をかけずに無料で使えるのはどこまでなのかという点は、量によって決められている場合もありますし、対象によって変わる場合もあります。

　ソフトウェアの場合は、何台のパソコンで使えるかなどの制限がないか、使用許諾の範囲として確認しておきたいところです。

◇作成したものの著作権

　ソフトウェアを使ってコンテンツを作成した場合、作成したコンテンツの著作権はメーカー側にあるのか、ユーザー側にあるのか、著作権の帰属、何らかの制限がかからないかの確認が欠かせません。無償のソフトウェアだと、動画の場合には作成できる長さなど、データの大きさに制限があったり、ソ

フトウェアの名称が入ったりすることがあります。

　また、コンテンツの出典の記載が義務付けられている（自動的に入って消せない）などがある場合もあります。

◇禁止事項

　禁止されている事項の有無も確認しておくといいでしょう。テンプレートなどのコンテンツを改変して使うことができるかどうかや、そのコンテンツの再配布ができるかどうかも、ケースによって異なります。

◇免責事項

　利用規約には、サービスの利用によって生じた損害について、運営者が責任を負わない場合が定められています。何がどこまで、誰の責任になるのか、責任の所在が明記されていますので、免責事項をよく確認しておくことで、トラブルに巻き込まれた場合に備えることができます。

◇終わりにする時の条件

　サブスクリプションの場合にはその期間が明記されています。特に更新のタイミングや継続する時、しない時の手続きがあります。確認しておきたいのは、ソフトウェアやコンテンツの利用が終了した後の、それまでに作成したコンテンツの扱いです。そのまま使い続けることができるのか、それ以降の利用ができなくなるのか、それ以降も使いたい時の別の手続きがあるのか、などを確認しておくと良いでしょう。

◇規約の改訂とその通知

　規約自体も改訂されることが一般的です。その変更の条件やルール、ユーザーにどのようなタイミング、方法で知らされるのか、改訂前に知らされるのか、改訂後に知らされるのかによって、経費の変更の場合などに影響が出てきます。

　利用規約に似ているものとして、サービスレベル契約、プライバシーポリシー、エンドユーザライセンス契約などの用語で掲載されていることがあります。

校務で

作者が特定できないマクロで作成された excel のシートを使い続けたい

Q：学校で以前から使われている、マクロが組まれた excel のシートを文書整理で使っています。このまま使い続けても良いのでしょうか？

A：著作者不明の場合の著作権法上の制度としては、裁定制度（著作権法第67条）を利用して著作権者のために使用料を供託した上で使い続けることはできます。

しかし、作者不明のマクロのままでは、急に利用しているマクロが動かなくなった時や修正が必要になったときの対応が難しいので、新たに同様のシートを作成することが良いと思われます。

■プログラムと言ってもプログラム言語、その上でのコンピュータを動かすもの、などとプログラムにもいろいろありますが、全て著作物になるのですか？

□著作権法第10条第3項にはプログラムの著作物に対する法律の保護は、そのプログラムを作成するために用いるプログラム言語（プログラムを表現するための手段）、規約（プログラム言語の用法についての約束）、解法（指令の組み合わせ）には及ばないとされています。

その上でコンピュータを動かすアイディアを、形としてあらわされた創作性のあるプログラムが著作物ということになります。

解説❶ マクロで動くシートに著作権はあるのでしょうか？

マクロはコンピュータを動かすプログラムです。著作権法第10条第1項に著作物の例示があり、第9号に、「プログラムの著作物」と

明示されており、プログラムであるマクロは著作物と考えることができます。コンピュータにどのような動作をさせるかという考えをマクロという形でシートに書きこんでいます。文書を整理するために、見出しをつける、見出しをもとに並べ替えるなどが自動的に実現されているマクロは、利用のしやすさに合わせてアイディア（こうしたい）をもとに創作されているものですので、アイディア（こうしたい）だけではなく、それをプログラムとして形にした著作物です。

解説② 著作者不明であることにはどのような対応をすればいいの？

そのシートが、有償の物である場合には、著作権者に対しての支払いが生じます。わからないからと無償で使い続けて良いものではありません。有償の場合は、本来であれば原本やその利用規約などがあるはずなのですが、それも残っていない場合には、著作権法第67条には、公表された著作物で

・相当期間にわたり公衆に提供されている

・著作権者と連絡をとるべく相当な努力をしてもその著作権者と連絡がとれない

場合に文化庁長官の裁定を受け、かつ、通常の使用料の額に相当する額の補償金を供託して、利用することができるとされていることに該当します。なお、第67条の2には、裁定申請中にも担保金を供託することで利用し続けることができるとされているので、学校の利用はそのまま続けることができます。

供託金を支払うことを考えると、わからないものを不安なまま使い続けるのではなく、新たに同様のプログラムを購入するか、新たに作成することも考えられます。

解説③ 校内で利用するために職員が自作したプログラムやマクロで構成したシートを使う時にはどうする？

校内で使うために学校で自作したプログラムについては、職務上作成する著作物の著作者(著作権法第15条第2項)が該当します。学校が必要(法

人等の発意）だということで、教職員（法人等の業務に従事する者）が職務上作成するプログラムの著作物の著作者は、その作成の時に特段の定めがない限り法人とするということですので、学校の著作物として利用できます。プログラムの中や、シートなどに、学校の著作物であることを明示しておくと良いでしょう。

・・・・・・・・・・・・・・・ **まとめ** ・・・・・・・・・・・・・・・
昔から学校で使われているプログラムは、著作者不明の場合は裁定制度を利用して使い続けることができる。
⇨プログラム（マクロで組まれたシート）は著作物。
⇨著作者不明の場合の裁定制度では、著作者を探すこと、供託金を支払うことが必要になる。
⇨不明の物を使い続けることの不安、リスクを考えると新しくすることも考えられる。

ここに注意！

　作者・入手経路が不明のプログラムを使うことは、著作物の扱いや情報管理の上でのリスクを持つことにもなります。慣例で使い続けているからというだけではなく、確認をしておくことが必要です。

校務での前任者の文書を再利用したい

Q：校務で、前任者が作成した文書を再利用したり、他校からひな型を入手して作成したりする場合は、著作権の心配はないでしょうか？

A：前者は「学校としての著作物」なので、再利用はほとんどの場合問題ありません。後者は、著作権者であるその学校の許諾が必要です。

■まず、「前任者が作成した文書を再利用したい」場合について教えてください。

□校務で作成された文書を加筆修正して再利用する場面は、日常的にたくさんあります。これは、**校務で作成された文書自体が、前任者個人の著作物ではなく、学校としての著作物**ですので（第15条第1項：職務著作）、改変等を加えて再利用することはほとんどの場合問題はありません。ただし、その文書等が学校の校務以外で作成されたもの、例えば県の教育センター等の研究開発事業で作成した文書等である場合は、学校の著作物ではありません。最近は、コンピュータソフト用のワークシートやプログラムを利用して作成している文書等がありますが、元になっているワークシートやプログラム自体が学校のものかどうかという注意も必要です。

解説❶ **「他校からひな型を入手して利用したい」場合**
校内での改変を含む再利用については、上で述べたように多くの場合は問題なくできます。しかし、学校においては、学校行事の細案や学習指導案などを、近隣の学校からひな型を譲り受けて改変等をして利

用することがあります。この場合は、**譲り受ける段階で、その著作権者である学校の許諾が必要**となります。担当者間だけで受け渡しがされていることもあるかと思いますが、学校としての許諾ですので、学校長の許諾が必要ということになります。

解説 ② 知り合いの先生同士で直接やり取りするケースは？

知人どうしの間なら、「私的な使用なのでは？」とおっしゃりたいのかと思います。ですが、この場合、学校の校務上での利用になりますので、第30条第1項の（私的使用のための複製）には該当しません。**学校長の許諾が必要**になります。

解説 ③ 校務で作成した文書を、学校のファイルサーバに置いてネットワーク上でみんなで利用する場合は？

ネットワーク上に置いて、共同で利用する場合も、その文書等が「校務で作成された職務著作物」であれば問題ありません。ネットワーク上の共有でも、CD-ROM などの記録媒体による共有でも同じです。

ここで問題となるのは、共同で利用するための「資料」を校内のネットワークを使って共有する場合です。校務等で作成した文書等であれば、前述のように、学校の著作物を学校の中で利用するので問題はありません。

しかし、資料等には学校の著作物ではないものも含まれてきます。例えば、市販のイラスト集やワークシート集などです。市販されているものは、その利用の範囲について明記されている場合が多いので、その記述を確認するといいでしょう。

もし、「利用の範囲」の記述がなく不安な場合は、販売元に確認をするのがいちばんです。販売されているのではない著作物、例えば WEB 上の資料なども、イントラネットといえども許諾を得ずに勝手にネットワーク上に置くことはできません。

解説 4 「学習指導要領」を校内 LAN で共有するのは？

　学習指導要領などは「国（略）が発する告示、訓令、通達その他これらに類するもの」に該当するので、第 13 条（権利の目的とならない著作物）第 1 項第 2 号に含まれ、「権利の目的となることができない。」とされています。つまり、「学習指導要領」は権利の目的とならない著作物なので、著作権の心配なく**校内 LAN にコピーを置いて共有することができます**。ただし、だれかの手によって解説が加えられた部分については、解説をしている人の著作物ですので、そのまま利用することはできません。

- - - - - - - - - - **まとめ** - - - - - - - - - -

「**校務で作成した文書**」の場合、

⇨前任者が作成したものであっても、改変等を加えて再利用（校内でのファイル共有含む）ができる。

「**他校が作成した文書**」の場合、

⇨校長の許諾が必要。

ここに注意！

　校務で作成した文章などは、いわゆる「職務著作（200 ページ）」となり、学校が著作権を所有することになります。職務著作となる要件には、「法人等の発意に基づき作成されるものであること」「『職務上』の行為として業務に従事する者が作成すること」、「学校等の法人の名義の下に公表するもの」などがあるので、学校からの指示によるものでなく、職務として作成していない著作物であれば、著作権は学校には移らず、実際の作成者が著作者・著作権者となります。

CASE3-6

学校に昔からあり
誰のものかわからない文章や写真を使いたい

Q：職員室を整理していたら、昔から保管されていた文書を見つけました。誰が作った文書なのかわからないのですが、利用してもよいでしょうか？

A：他校から持ち込まれたものなどでなければ、利用することができます。作成した教員を探したり、許諾をもらったりする必要もありません。

■なぜ、大丈夫なのでしょう？　第17条（著作者の権利）第1項には、「著作者は、(略) 著作権を享有する。」とあります。今回見つけた文書についても、作成した教員が著作権を保有していれば、許諾を取らずに利用することはできないのではないでしょうか？

□著作権は著作者が保有することが原則です。ただし、職務上作成された著作物については、「職務著作」（第15条第1項）として学校が著作者となり、著作権と著作者人格権の両方が帰属されるため、学校の業務として利用する範囲であれば、問題ないのです。

解説① **なぜ、学校の業務で作成された文書を再利用できる？**

学校では、職員会議資料や保護者へのお知らせなど、前任者が作成した文書を、加筆したり、修正したりして再利用することは、日常的にあります。第15条第1項（職務上作成する著作物の著作者）によると、以下の要件を満たすとき、その著作権は作成者個人ではなく、法人等になります。

1　法人その他使用者（法人等）の発意に基づくものである
2　法人等の業務に従事する者が職務上作成するものである
3　法人等が自己の著作の名義の下に公表するものである
4　契約、勤務規則その他に別段の定めがない

　これが、「職務著作」といわれるもので、学校も法人等に含まれるので、**前任者の誰かが学校の業務として作成した文書は、その個人の著作物ではなく、学校の著作物に該当します**。したがって、改変等を加えて再利用することに問題がないのです。

解説2　誰が撮影したかわからない写真を利用することができるか？

　第2条第1項第1号には、著作物とは、「思想又は感情を創作的に表現したものであつて、文芸、学術、美術又は音楽の範囲に属するもの」とあり、第10条第1項（著作物の例示）には、第8号に写真も著作物の一つとして例示されています。写真を撮るためには、被写体を選んだり、アングルや露出を工夫したりしますので、創造的に表現された著作物ということになります。したがって、誰かが撮影した写真を利用する際には、原則として、撮影者の許諾が必要となります。しかし、先ほどの**解説1**の事例と同様に、学校で教育活動の一環として教員が撮影し、保存されていたものであれば、第15条第1項（職務上作成する著作物の著作者）により、その写真の著作権は学校にあると考えられます。

解説3　校内ファイルサーバ等にある文書や写真を利用できる？

　学校には、印刷された文章や写真だけではなく、校内ファイルサーバ等にたくさんのデータが蓄積されています。これらのなかにある作成者がわからない文章や写真であっても、**解説1**や**解説2**と同様にネットワーク上で利用したり、共同編集したりしても問題になりません。それは、紙媒体だけでなく、ネットワーク上でもDVDやUSBメモリなどの記録媒体にある著作物であっても、「職務著作」は認められるためです。

解説④ 学習指導案や研究論文も改変して利用できる？

　教師の職務上の著作物は、学校の発意に基づいて作成され、学校の名義で公開されたものについて、職務著作制度が適用されることになります。学習指導案や研究論文が、学校の発意に基づき、学校の名義の下に公表されていれば、学校の著作物になり、改変等を加えて再利用することができると考えられます。

　一方で、学校の発意がなく、自分のために自主的に書いた学習指導案や、教員の指導観や教材観等をまとめた研究論文など、教員が作成しても「職務著作」ではなく、個別の著作物と考えられるものもあるので、再利用する際には注意が必要です。

・・・・・・・・・・・・・ **まとめ** ・・・・・・・・・・・・・

学校に昔からあり、誰が作成したか不明の文章や写真は、職務著作物であれば利用することができる。

⇨職務上作成する著作物の著作者の要件を満たすとき、その著作権は作成者個人ではなく、学校にある。

⇨紙媒体だけでなく、ネットワーク上や記録媒体による共有も可能である。

ここに注意！

　自分の学校で作成した文書等を再利用することは、問題なく行うことができます。しかし、他校から譲り受けた文書を改変して再利用する際には、その学校の許諾が必要になります。学校としての許諾になりますので、担当ではなく、学校長の許諾をもらいましょう。また、学校にある写真のなかに、保護者や地域の方などが持ち込んだものがあれば、「職務著作」に該当しない場合もあります。学校にあっても、教師以外が撮影した写真を利用する時には、注意が必要です。

著作権の保護期間とパブリックドメイン

　第 51 条（保護期間の原則）により、著作権は、著作物が創作されたときに始まり、著作者の死後 70 年を経過するまでの間、存続します。複数の著作物からなる共同著作物の場合は、最後に亡くなった著作者の死後から算出します。法人や団体名義の著作権は、第 53 条（団体名義の著作物の保護期間）により著作物の公表後 70 年が存続期間で、もしも創作後 70 年間公表されなかった場合は創作後 70 年となります。

　保護期間の算定は、第 57 条（保護期間の計算方法）により著作者が死亡した日、または公表や創作された日が属する年の翌年から起算します。例えば、手塚治虫さんの著作物は、手塚さんが 1989（平成元）年に亡くなられましたから、翌 1990（平成 2）年 1 月 1 日から起算して、70 年後の、2059 年 12 月 31 日まで保護されることとなります。1968（昭和 43）年 1 月に亡くなった藤田嗣治さんの絵画は、翌 1969 年 1 月 1 日から起算して 70 年が経過する 2038 年 12 月 31 日まで保護されることになります。（このように保護期間の計算には暦年法を用います）。

　なお、2018（平成 30）年 12 月 30 日に環太平洋パートナーシップ協定が発効したことにより、同日から著作権の保護期間が従前の 50 年間から 70 年間に延長となりました。具体的には、1968（昭和 43）年に亡くなった方の著作物の保護期間（原則）は 2018（平成 30）年 12 月 31 日までででしたが、2018（平成 30）年 12 月 30 日付けで著作者の死後 50 年から 70 年に延長されて、20 年長く著作物が保護されることとなりました。この延長は、それ以前に保護期間が終了した著作物には適用されません。

著作権の保護期間の変更（50 年→ 70 年）

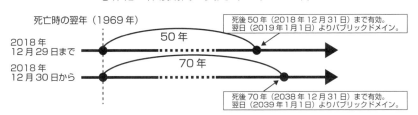

（https://www.bunka.go.jp/seisaku/chosakuken/hokaisei/kantaiheiyo_chosakuken/1411890.html より）

保護期間が終了した著作物は、パブリックドメイン（公有）となります。著作権が消滅し、公共の所有物として、誰でも利用することができます。ただし、著作者人格権は存続しますので、著作者の没後に著作者を否定したり、著作者の精神を侵すような改変、名誉を傷つけたりする行為は禁止されます（第60条）。

　著作者は自ら著作権を放棄できます。著作者が「この作品の著作権を放棄する」と明言している場合に権利放棄が成立し、対象の作品はパブリックドメインになります。

　また、パブリックドメインの作品を利用して新たな作品が作られた場合、その作品には新たな著作権が発生します。例えば、パブリックドメインの写真や絵画などをアレンジして作られた絵本には、二次的著作物として新たな著作権が発生します。パブリックドメインの音楽を演奏してCDにした場合、演奏者やCD制作者には著作隣接権が発生します。

　インターネット上にはイラスト画像や音源などで「フリー素材」と呼ばれるものが流通していますが、これらは必ずしもパブリックドメインとは限りません。ほとんどは「利用規約などで許可した範囲であれば無料で利用可能」という意味で、規約外での利用は著作権侵害となります。それぞれの使用条件を確認するようにしましょう。

　同じような意味で「ロイヤリティフリー」というものもあります。著作権使用料が無料という意味で、パブリックドメインではありません。一定の条件下で使用料無料のものもあれば、一時金を支払うことで以後の使用料が無料となるようなものもあり、やはり著作権を放棄しているわけではありません。

　著作者が利用条件を設定し、条件の範囲内であれば作品を自由に利用できるルールとして、クリエイティブ・コモンズ・ライセンス（Creative Commons License）やGPL（GNU General Public License）というものがあります。著作者がこれらの一般化したルールを適用することで、作品の利用が普及しやすいメリットがあります。

CASE3-7

入学式・卒業式で著作物を使いたい

Q：校長が入学式等の式辞で著作物を利用する場合、著作権法上の問題はあるのでしょうか？

 A：入学式や卒業式の式辞で他人の著作物を利用する場合は、非営利、無償、無報酬の口述に該当するので、問題ありません。

 ■何が根拠となって「問題なし」と言えるのでしょうか？

 □第38条（営利を目的としない上演等）では、「公表された著作物は、営利を目的とせず、かつ、聴衆又は観衆から料金（略）を受けない場合には、公に上演し、演奏し、上映し、又は口述することができる。」としています。

入学式や卒業式といった**学校行事の式辞については、当然、非営利、無償、無報酬の口述に該当しますので、式辞の中に著作物を利用する**ことができます。

また、全校集会等でも、校長や先生がたが新聞の一部を利用して話をすることがありますが、この場合でも同様に、著作物を口述できるのはいうまでもありません。

解説❶ よりわかりやすくするために、校長が話す著作物を印刷して児童生徒に配布する場合は？

その場合、学校行事は特別活動として教育課程内で行われていますので、著作権法第35条第1項の「学校その他の教育機関における複製等」の範囲で、著作物の複製・配布として利用できます。

では、クラスの朝の会や帰りの会で、先生が新聞記事や本などの一部

校務で

をコピーして配布し、子どもに向けて読み上げるような場合はどうでしょう？

　この場合も問題ありません。コピーの配布については、第35条第1項の要件を満たす限り、教師が児童生徒に、「授業の過程における利用」として著作物を複製することは認められているからです(第35条第1項(学校その他の教育機関における複製等))。この場合、朝の会や帰りの会を「授業の過程」と解釈できるか、が問題となりますが、第35条の定義について、利用者側と著作権者側の各団体で協議し作成した「改正著作権法第35条運用指針（215ページ参照）」で、「授業」に該当する例として、

　　初等中等教育の特別活動（学級活動・ホームルーム活動、クラブ活動、児童・生徒会活動、学校行事、その他）や部活動、課外補習授業等

があげられていますので、教育課程に基づく「朝の会・帰りの会」は授業の一環であるということになります。

　また、教師の読み上げについては、「複製」ではなく「口述」に当たるので第35条ではカバーできませんが、上記設例と同様に第38条の要件に該当すればできます。

(参考　改正著作権法第35条運用指針（令和3（2021）年度版）における「授業」に該当する教育活動の例　217ページ)
・講義 、実習、演習、ゼミ 等（名称は問わない）
・初等中等教育の特別活動（学級活動・ホームルーム活動 、クラブ活動、児童・生徒会活動、学校行事、その他）や部活動、課外補習授業 等
・教育センター、教職員研修センターが行う教員に対する教育活動
・教員の免許状更新講習
・通信教育での面接授業、通信授業、メディア授業　等
・学校その他の教育機関が主催する公開講座（自らの事業として行うもの。収支予算の状況などに照らし、事業の規模等が相当程度になるものについては別途検討する）
・履修証明プログラム
・社会教育施設が主催する講座、講演会等（自らの事業として行うもの）

まとめ

学校行事で著作物を口述で利用したい場合、

入学式・卒業式では、

⇨第38条（営利を目的としない上演等）にあたるため
利用可能。

朝の会・帰りの会でコピーを配布するのは、

⇨第35条（学校その他の教育機関における複製等）に
あたるため利用可能。

ここに注意！

「改正著作権法第35条運用指針」は「一般社団法人授業目的公
衆送信補償金等管理協会のホームページ（https://sartras.or.jp/seido/）」に
掲載されています。

校務で

CASE3-8

学校の WEB ページに校歌を載せたい

Q：学校の WEB ページに、自校の校歌の演奏や、生徒の合唱を載せて、閲覧した人が見たり聞いたりできるようにしたいのですが？

A：「校歌」の著作権がどうなっているか、まず確認しましょう。

■自分の学校の校歌なのに確認が必要なんですか？

□校歌のもともとの著作権は作詞者と作曲者にあります。ですが、引き渡し時に著作権を学校に譲渡する旨の契約をしているなら、著作権は学校にあるといえます。まず、校歌を作ってもらった時の契約がどうなっているかを確認しましょう。

　もし、著作権を譲渡する契約を結んでいなかった場合、校歌の著作権は作詞者と作曲者が保持していることになりますので、たとえ自分の学校の校歌だとしても、WEB ページに掲載してネット上でいつでもだれでも見たり聞いたりできる状態にすることは、著作権者の公衆送信権の侵害（第23条第1項）になってしまいます。その場合、自分の学校の校歌であっても、著作権者に掲載の許諾をもらわなければなりません。

解説① **とても昔に作られた校歌の場合は？**

　伝統のある学校などでは、著作権の保護期間も調べてみましょう。

　日本では、「著作者が著作物を創作した時点から著作者の死後70年を経過するまで」が著作権が保護される期間となっていますので、その期

間を過ぎている場合は、パブリックなものとして、許諾なしで利用できる場合があります。

～～～～～～～～～～～～～～～～～～～～～～～～～～～～～～～～～～～～～

解説② 校歌を歌っている生徒たちを動画にとって、WEB 配信したい場合は？

　自分の学校の校歌なのに自由に使えないというのは変に思えるかもしれません。校歌は、学校の行事ごとに児童生徒が口ずさむもので、そういう利用の仕方はもちろん想定して作詞・作曲されたわけですから、その範囲内でのことなら問題はないのです。

　しかし、校歌を広く外部に流すケースは、作った当時、学校も著作者も考えられなかったのではないでしょうか。インターネットの普及が進み、想定していなかった著作物の新しい利用形態が生まれたということです。

　校歌と同様に、時代の流れに伴って、新たに発生する著作物の利用について気にしておかなければいけないことが、ほかにもこれから出てくるかもしれません。

　WEB 配信をする際の手続きとしては、まず、校歌の著作権者から許諾をもらう必要があります。加えて、歌ったり演奏したりする児童生徒も著作隣接権者の「実演家」としての権利があることを忘れないようにしましょう。ただ、実演家の権利は実演（合唱）の録音・録画を許諾している場合は送信可能化権（ネットにアップロードする権利）はワンチャンス主義で適用がないことになっています（第92条の2第2項第1号）。

　校歌について許諾をとる手続きは、著作権者に連絡がとれるならば、学校の WEB ページに掲載する旨の説明をして許諾してもらいます。このとき、できれば文書にして簡単な契約のような形で残しておくとよいでしょう。許諾料が発生する場合もありますので念頭においておきましょう。

　直接著作権者と連絡がとれない場合は、まず JASRAC（日本音楽著作権協会）のホームページ（https://www.jasrac.or.jp/index.html）にアクセスしてみるのがよいでしょう。ここには、著作権の管理委託をした権利者や作

校務で

品の検索ができるサービスがあり、オンラインで利用許諾申込みができるシステムもあります。

　校歌だけでなく、例えば合唱コンクールの曲を公衆送信したいときなど、音楽を利用すること全般についての手続きができます。

・・・・・・・・・・・ まとめ ・・・・・・・・・・・

学校の WEB ページに校歌を掲載したい場合、

⇨自校の校歌であっても、必ずしも学校に著作権があるとは限らない。著作権の所在を調べる必要がある。

⇨児童生徒が歌っている様子を WEB ページに掲載するなどする場合は、前提としてまず録音録画の許諾があることが必要。実演家の権利が OK でもネットにあげるのは肖像権の問題もあり、児童生徒の許諾も必要であることに注意！

ここに注意！

　校歌の場合、歌ったり演奏したりするのは児童生徒であることが多いでしょう。元の歌の著作権だけでなく、この場合、実演・演奏をしている児童生徒の著作隣接権（実演家としての権利）も発生しています。録音・録画権があり、児童生徒の肖像権の問題もあるため、利用するにあたって歌ったり演奏したりした児童生徒や保護者にも、WEB ページに掲載することについての許諾を得ておきましょう。

CASE3-9

学校の WEB ページに写真を載せたい

Q：学校の WEB ページに、写真を掲載したいと思います。その時に注意すべきことはなんでしょう？

A：写真は「写真の著作物」です。掲載には著作権者の許諾が必要です。

■「写真の著作物」とはどのようなものですか？

□写真は、「写真の著作物」として第10条第1項（著作物の例示）第8号に独立して書かれています。写真を撮影した人は、大人か子どもかにかかわらず、写真を撮った時点で著作権者になります。写真を WEB ページに掲載するのは、それを複製（第21条）して公衆送信（第23条）することになりますから、著作権者の許諾が必要になります。

校務で

担任の先生が自分で撮影した写真の場合

担当の先生が学校の WEB ページのために撮影した写真は、**あたりまえですが問題なく使えます**。この場合は職務上撮影したことになりますから、第15条第1項（職務上作成する著作物の著作者）でその著作権者は学校になります。しかし、個人的な趣味で撮影した写真を学校のページに掲載するときは、職務著作には当たりませんので、その先生の許諾を得なければなりません。

写真部の児童生徒が撮影した写真の場合

写真部などで児童生徒が撮影したものであっても無断で掲載する

ことはできません。また、書籍や新聞等の出版物、インターネット上で公開されている写真についても、もちろん著作権者の許諾を得ることなく使うことはできません。

解説③ 写真に写っている「人」の扱い

写真に撮影された人の権利についても気をつけなければいけません。これは著作権と直接かかわりはありませんが、憲法上の人格権に根拠を置く肖像権の問題や、個人情報の問題もありますので、学校ではこれらの情報保護の観点から、児童生徒が特定できるような写真をWEBページに掲載するときには、保護者の許諾をもらいましょう。これは先生の写真を載せる場合でも同じことです。

「肖像権」という権利は日本の法律上は明文化されていないのですが、解釈上、憲法上の人格権に根拠を置く権利であり、守られるべきものとして既に確立されているといってよいでしょう。

解説④ 写真に「人」が写っていなければ自由に利用できる？

いいえ。撮影されたモノが別の権利にかかわっている場合もあります。例えば、美術作品を撮影した写真の場合、美術の著作物の複製権・公衆送信権にかかわります。演劇の１シーンを撮影した写真は、演技者の肖像権だけでなく実演や演出・美術の著作物等を写すことにもなります。ただし、「写り込み」の問題として権利制限される場合もあります（「写り込み」23ページ参照）。

また、写真に写った物にも注意が必要です。例えばキャラクターと一緒に写っていた場合などです。撮影のメインとなる対象が他のもので、偶然画面の隅に写ったなどの場合は問題にならないと思いますが、撮影者の意思と無関係に、第三者が見てキャラクターがメインとして写っているといわれれば、複製権、公衆送信権の侵害になる場合があります。

街の風景を撮影すると、いろいろな商品の広告や看板が一緒に写ります。会社のロゴやトレードマークなどが中心に大きく写っている場合などは商標権との関係が気になる場合がありえます。ただ、商標がそのま

ま写っていても、その商標を持つ企業の商品やサービスであることを示す機能を発揮するような使用態様でなければ（出所表示機能・自他商品識別機能）通常は商標権侵害とはなりません。

<hr />

解説 5 「報道のための利用」なら利用可能と聞いたけれど……

確かに、写真、映画、放送その他の方法によって時事の事件を報道する場合には、第41条（時事の事件の報道のための利用）で正当な範囲で複製して利用できるとされています。しかし、学校のホームページは「報道」のためのものではありません。どんな場合が問題になるかは一概にいえませんが、余計なトラブルを起こさないためにも、写真の構成やトリミングを工夫するか、関係会社等に写真を見せて、WEBページに掲載しても問題ないかどうか問い合わせるのが丁寧だと思います。

・・・・・・・・・・・ まとめ ・・・・・・・・・・・

WEBページに写真を掲載したい場合、
⇨自分で撮影したもの（著作権者である場合）以外、基本的に著作権者の許諾が必要。
⇨写真に写る「人」「モノ」にも注意が必要。

ここに注意！

写真の著作物の保護期間は、第51条（保護期間の原則）で著作者の死後70年、無名または変名の場合は第52条（無名又は変名の著作物の保護期間）で公表後70年となっています。変名の場合で周知の実名の変名であったとき、実名の登録があったとき等はその人の死後70年です。

PTA新聞に著作物を使いたい

Q：PTAの研修で博物館に行ったときに入手した資料を使って、PTA新聞に記事を書こうと思います。学校での利用なので大丈夫かと思うのですが、どうでしょう？

A：だめです。利用できません。

■なぜですか？　第35条第1項（学校その他の教育機関における複製等）に該当するように思うのですが。

□第35条第1項（学校その他の教育機関における複製等）で、許諾なしに複製できるのは、**教育を担任する者及び授業を受ける者に限られています**。PTA新聞は、たとえ学校で作るものだとしても、記事を書いたり紙面構成を考えたりするのは保護者です。先生が委託されて記事を書いている場合でも同じです。第35条第1項では、授業の過程における利用に供することを目的とする場合に限り複製ができるのですから、**PTA新聞はあてはまりません**。

解説① **必要な手続きは？**

博物館で入手した著作物（写真や解説文）をPTA新聞に使いたいときには、まず、その博物館に問い合わせて、利用許諾をもらいましょう。

特に、パンフレット等に掲載されている写真や解説文の利用については気をつけておかなければいけません。博物館に収蔵されているものは、

もちろん博物館の所有物でしょうが、パンフレット等に掲載されている収蔵物の写真は、撮影した人の著作物である場合があります。その場合、博物館に一括して利用許諾を申請できるものや、博物館と写真家の両方に申請しなければいけないものなど、様々なケースがありえます。解説文にしても、例えば博物館が外部の専門家などに依頼して書いてもらったような文章だと、その人に別途許諾申請する必要があるかもしれません。

　また、利用料を支払わなければならない場合もあります。民間会社に資料掲載の管理を委託しているところもあるようで、料金も様々なようです。

　このように、パンフレットといえどもいろいろな著作権がかかわっている場合があるので、まず問い合わせてみるのがよいと思います。

解説2　「PTA新聞」の著作権は誰にあるの？

　第15条第1項（職務上作成する著作物の著作者）の規定で、学校の先生が職務の範囲内で創作したものは「職務著作」となって、学校や教育委員会などの「使用者等」に著作権が帰属することになりますが、「PTA新聞」の場合はどうなるのでしょう。

　例えば、保護者が書いた記事は、PTA理事会や学校と雇用関係があるわけではないですから、職務著作にはあたりません。つまり、**著作権は、その保護者個人にある**といっていいでしょう。

解説3　PTA新聞に先生が書いた記事の場合は？

　この場合、職務著作として学校の著作物になるのでしょうか？それとも「それは先生の職務ではない」となって、先生の著作物ということになるのでしょうか？

　このようなケースでは、著作権法の規定を勘案しながら、あらかじめ関係する人たち、PTAや学校との間で取り決めをしておくといいと思います。法律は細かいケースすべてをカバーしているわけではありませんから、契約と同じような形で、互いの権利を保護し合うように定めて

おけばトラブルを防げます。

・・・・・・・・・・・・・・ **まとめ** ・・・・・・・・・・・・・・

「PTA 新聞」で著作物を使う場合、
⇨第 35 条は適用されないので、通常の許諾申請が必要。

「PTA 新聞」の著作権は、
⇨「職務著作」ではないので、作成した人に帰属する。

「PTA 新聞」に教師が書いた文章の権利の所在については、
⇨あらかじめ PTA や学校との間で取り決めをしておく
　とよい。

ここに注意！

　このような話題を PTA の話し合いのテーマにしてみるというの
も、保護者を含めて学校全体として、権利や著作権についての認識
を深めることに役立つかもしれません。

肖像権について

◇肖像権は、著作権のように法で定義されているものではありません。しかし、解釈上、憲法上の人格権に根拠を置く権利として、判例上も認められています。肖像権侵害が成立すると、主にその肖像権侵害行為の差止請求や、民法の第709条「故意又は過失によって他人の権利又は法律上保護される利益を侵害した者は、これによって生じた損害を賠償する責任を負う。」に基づく損害賠償請求権が発生する場合があります。

◇個人のプライバシーを大切にするために、個人の肖像（写真、絵など）を勝手に使われない権利とも言われています。明文の規定がなくても、有名、無名にかかわらず、年齢に関係なく、全ての人が持っていて、生まれた時から個人が守られる権利で、許諾を得て使うという点では著作権と似ているともいえます。

◇個人が特定できる写真ということについては、多様な視点がありますが、人物の顔、体型、髪型、眼鏡など特定可能な特徴が写っているかという視点で考えなくてはなりません。

◇学校では児童生徒も肖像権をもっていますので、学校のホームページや、学校だよりなどのお知らせなどで、子どもが写っている写真を利用するときには、許諾を得なくてはなりません。この時に、子どもの肖像は保護者の同意が必要です。未成年者であれば、法律上は親権者が法定代理人となるため、通常は保護者である親が同意権を持つわけです。学校の場合は、年度初めに学校ホームページや学校だよりなどへの掲載の可否を確認しておくということが一般的です。

◇運動会や学芸的な行事、儀式的な行事などの他にも、授業参観でも保護者がカメラやスマホで我が子の写真や動画を撮影するのは、幼児期から我が子

の姿を手軽に撮影する延長で一般的になっているので、保護者への啓発が必要です。保護者の手によるSNSなどネット上への掲載もありえます。撮影した写真や動画に周囲の児童生徒が写り込むことがありますので、他のお子さんが特定できないように配慮することを、学校からの行事の案内の文書に掲載したり、教室等の入り口等目につくところに掲示したりすることで保護者にも理解してもらわなくてはなりません。

◇一人一台端末での学習が行われるようになり、国語の音読や、外国語活動、体育などで、子ども同士が相互に、タブレット端末で動画や写真を撮ることが多くなっています。肖像権については、子どもにも知らせていかなくてはなりません。そして、不用意な写真を撮らないということ以上に、友達の肖像権を大事にする姿勢を育てていかなくてはなりません。

◇有名人や公人（公務員、議員、裁判官など）の場合はさらに「パブリシティ権」ともいわれる肖像権があります。著名人や芸能人の肖像となると、様々な商品に使われたり、広告に利用されたりする場合が多く、肖像に対する人格的利益だけでなく、経済的利益も併せ持つもので、判例上（「ピンクレディー事件」最高裁第一小法廷判決平成24年2月2日判決・平成21年(受)第2056号）も認められており、許諾が必要とされます。

CASE4-1

研究授業で
他校の教室の様子を撮影したい

Q：他の学校での研究会に参加した際に、教室の展示物や授業の様子を撮影しても問題ないでしょうか？

A：撮影そのものは個人的なもので、自校に帰って職員会議の報告資料にするなど、他に公表を一切しなければ問題ありませんが、この場合、外部の学校や先生は撮影する教員の「授業の過程」とは無関係ですので、撮影物の複製や公表のためには許諾が必要になります。

 ■「教室の様子」を撮影する際の注意点は？

 □様々な学校で研究会等が実施されますが、最近は、デジタルカメラやスマホで気軽に撮影している先生を見かけます。例えば、よい掲示物があればパチリ、授業の風景をパチリ、というぐあいに、カメラやスマホで撮影しています。しかし、その被写体にはどのようなものがあるでしょうか。

授業の様子を撮影しようとした時、授業者が使う指導資料に著作物が利用されていたら……？　児童生徒が学習している様子を撮影しようとした時、机上に著作物があったら……？　教室環境を撮影しようとした時、掲示物にキャラクターがほほえんでいたら……？

第35条第1項（学校その他の教育機関における複製等）では、「教育を担任する者及び授業を受ける者は、その授業の過程における利用に供することを目的とする場合」に、著作物を複製することを認めていますが、その「授業の過程」に、研究会に参加しているような外部の先生は該当しません。

しかし、個人的な研修のためだけを目的とした場合で、他に一切公表しなければ、第30条第1項（私的使用のための複製）で認められることになります。

研究会で学んだことを公表したり、研究の記録をさまざまな媒体に掲載したりする場合

　教室の展示物や授業の様子を撮影し、研究のために記録を残すと、そこには教室の壁に展示された児童生徒の作品が撮影されていたり、授業中の他校の先生や児童生徒、その他授業で使われた著作物などが写っていることでしょう。これを様々な媒体に掲載することは、当初、私的複製（第30条第1項）に見えたものが翻って複製権侵害となり（第49条第1項第1号：複製物の目的外使用等）、ホームページ等に掲載すれば公衆送信権侵害が成立します。他校の様子を撮影して複製するのは、第35条第1項がカバーしていないからです。

　しかし、例外的に「引用」（第32条第1項）の要件にしたがうことによって可能となります。第32条第1項では、「公表された著作物は、引用して利用することができる。」としています。ただし、「引用」するためにはいくつかの要件があります。対象が公表された著作物であることを前提に、

　①公正な慣行に合致

　　具体的には、

　　ⅰ 引用部分が本文と明確に区別されていること。

　　ⅱ 本文と引用部分の主従関係が明確であること。

　②引用する必然性があること。

　③必要最小限の引用であること。

　④出所の明示をすること。（第48条第1項第1号）

　これらの要件を満たしさえすれば「引用」という形で、記録写真などの研究紀要等への利用が可能です。

　さらに、授業中の他校の先生や児童生徒たちの顔がはっきり写っているような場合、「肖像権」の問題は著作権法とはまた別の法律問題となります。様々な媒体に掲載するには、他校を通じて肖像権についても書面で同意を得ておくべきです。

 引用の要件を満たしさえすれば、無断で利用しても構わない？

　法的にはその通りです。これまでに述べてきたように、「引用」

することにより、研究資料として公表、様々な媒体に掲載する目的で撮影することは可能です。

しかし、規則としてではなく、モラルとして次のようなことについて注意しておく必要があると考えます。

①主催者に写真を撮ることを事前に伝える。

もし、著作権上問題になることがあれば、この時に話題に出るはずですので、無用なトラブルを避けられます。

②著作物が写り込まない工夫をする。

学級掲示物などを撮るときも、なるべく著作物が写らないよう注意しましょう。また、児童生徒の様子を撮影する場合は、机上にも注意をして、ワークや資料集等が写らないアングルを考えましょう。

ただし、写っている他校生徒の作品自体が撮影の目的ではない場合、メインの被写体ではない、いわゆる「写り込み」(付随対象著作物の利用：第30条の2)の場合、例外として、他人の著作物を利用できることがかなり広範に法律で認められています(詳細は「写り込み」23ページを参照)。

③児童生徒の顔写真

肖像権、個人情報保護および安全確保の観点から、児童生徒が特定できるような顔写真を撮ることは避けるべきです。児童生徒が特定できないような多人数での場面や背面からの撮影等、工夫していくことが求められます。

・・・・・・・・・・・・・・ **まとめ** ・・・・・・・・・・・・・・

参観先の研究授業の様子を撮影したい場合 は、

⇨無断での撮影には問題がある。

⇨「引用」の要件を満たしていれば、記録写真や研究紀要への利用が可能となる。

ここに注意！

「引用」の際は、どこの学校のいつの授業であるかを明記した上で、本文と引用部分と主従関係をはっきりさせる必要があります。

講演会で講演の様子を録画したい

Q：講演会や教育研究会に参加した時に、講師や発表者の講演内容を録画・録音することがよくあります。このような場合、どのようなことに留意が必要でしょうか？

A：講演会等での発表内容は、そのものが講師の著作物です。そのため、**録画等を行う際には必ず主催者に確認する必要があります。**

■講演会などの場合、「著作物」としては、どのようなものになるのでしょうか？

□講演会等での発表内容そのものが講師の著作物です。講演は口頭のスピーチであっても、「言語の著作物」（第10条第1項第1号）として成立しています。そして、講演会で発表された内容に他人の著作物を「引用」した部分がある場合は、「引用」された人の著作権も関係し、様々な著作物が複雑にからんでくることになります。

講演会等には、無料と有料の場合がありますが、どちらの場合でも、主催者のほうで「録画や録音ができる」「録画や録音はできない」とするきまりを作っていますので、**必ず主催者に確認する必要があります。**

解説❶ **講演会を録画する場合に必要なこと**

講演会やディスカッションを録音・録画する場合は、必ず講演者等に録音や撮影の許諾を得る必要があります。その際、録音・録画したものをどのように利用するのかについても説明しなければなりません。

講演者等によっては、許諾を得るときに文書を必要とする場合もあり

ますので、利用目的や用途を示した文書を用意しておくと、交渉がスムーズに進むものと思われます。

　しかし、大きな講演会等では、いちいち講演参加者が許諾を取ることができない場合がほとんどといってよいでしょう。このような場合、著作権についてパンフレット等に書かれていることが多いのですが、そうでないときは前もって主催者に確認をするようにすべきです。

解説2　講演会の内容を印刷して冊子にする場合

　第63条第1項（著作物の利用の許諾）では、「著作権者は、他人に対し、その著作物の利用を許諾することができる。」としており、その許諾を受けた者は「その許諾に係る利用方法及び条件の範囲内において」著作物を利用することができます（同条第2項）。

　前出のように、講演会等の内容や資料は講演者等の著作物ですので、**きちんと許諾を得れば、印刷や製本をすることが可能**です。

解説3　自分が講演者やパネラーとして参加する場合

　ご自身が講演者やパネラーとして登壇し、その講演の中で他者の著作物を利用したい場合は、ケースによって対応が異なります。

1．講師謝金がなく（無償）かつ営利を目的としない講演会等に出演する場合は、第38条第1項（営利を目的としない上演等）において、①営利を目的とせず、②聴衆から料金を得ない場合で、③講師等に報酬が支払われない場合には、公表された著作物であることを前提に著作物を「上演」、「演奏」、「上映」、「口述」することが認められているため、許諾を得ずとも利用することが可能です。これらの要件を満たさない場合は後述のとおり、個別の許諾が必要です。なお、第38条第1項では他人の著作物の「複製」はできません。

　また、第32条第1項（引用）でも、発表資料として必要性、および利用の必然性がある場合は、要件さえ満たしていれば（「引用」の要件について詳細は18ページ参照）、正当な範囲内での利用が認められています。

2．講師謝金が支払われるか、営利を目的とした講演等に出演する場合
は、第38条において、著作物を上演、演奏、上映、口述することが
認められていませんので、著作者の許諾を得る（通常の手続きをし、
場合によっては、著作権料を支払う）か、「引用」の範囲内において
利用するしかありません。

・・・・・・・・・・・・・・・・・ まとめ ・・・・・・・・・・・・・・・・・

講演会などの内容を利用したい場合 は、

⇨講演内容は講演者や主催者の著作物。無断での利用は
　できない。

自身が講演会などで他者の著作物を利用したい場合 は、

⇨無償、無報酬で営利目的でない場合は利用可能。

⇨有償の場合は、通常の利用許諾申請が必要。ただし、「引
　用」の要件を満たしていれば、「引用」の範囲内での利
　用が可能となる。

ここに注意！

　上記のように、講演内容などをまとめて、保存用に印刷したり、
冊子にまとめたりすることも許諾を得れば可能ですが、講演内容や
もととなる資料自体に、「許諾を得て著作物を利用している場合」
や「引用している場合」がありえるので、講演者や主催者に許諾を
得る際に、講演内容での他著作物の利用の有無について確認してお
くことが重要です。

研究論文で他者の論文を利用したい

Q：研究論文や講演等の中で、他の人の論文や美術作品を利用したいのですが、どのようにすればよいでしょう？

A：「引用」の要件を満たして利用するのが良いでしょう。

■「引用」の要件を詳しく教えてください。

□著作権法では第32条第1項（引用）ほかで、次の**1. 2. 3.**の要件を満たした場合に、
「公表された著作物は、引用して利用することができる。」
としています。

1. **公表された著作物であること**
   ……すでに公表されたものでなければ著作物と認められません。

2. **公正な慣行に合致するものであること**
   ……まずは、その利用の仕方が「引用」の要件にあてはまるか考えてみましょう。

3. **報道、批評、研究その他の引用の目的上正当な範囲内であること**

 解説❶ 「公正な慣行」とは具体的にはどのようなものを指す？

「公正な慣行に合致」するためには、次のような方法での「引用」であることが求められます。

①「明瞭区別性」
   括弧やカギ括弧を付けるなどして、「引用している部分」と本文との関係を明確にし、きちんと区別すること。

② 「主従関係」

　本文と「引用した部分」との主従関係をはっきりさせること。主たる著作物（論文や研究紀要等）の中で、従たる著作物（授業風景やレポート等）を利用することが必要です。

③ 「引用する必然性」があること

　論文の論説を展開する上で必要であるという必然性が必要です。また、「引用」する分量などについても、その必然性が問われますので、必要な部分のみを「引用」するようにすべきです。

④ 「出所の明示」をすること

　第48条第1項第1号（出所の明示）において「著作物の出所を（略）明示しなければならない。」とされています。例えば、本であれば、「著者、書名、出典ページ等、出版社、発行年月日」の著作物を特定できる情報を明示すべきです。

　また、WEBの情報であれば、最低限、著作者名、URL、閲覧年月日を明示すべきです。

解説 ❷ 研究会などでの発表時に、児童生徒の作品を利用したい場合

研究会や研究論文等で、児童生徒の作品やレポートを利用して、先生がたが実践事例の発表を行うことはよくあることです。

　教員の研究会の発表時などは、第35条第1項（学校その他の教育機関における複製等）の場面ではありません。

　他人の著作物（児童生徒が利用したもの）が含まれた児童生徒の作品やレポートをさらに複製するとき（つまり、先生がたが研究会や研修会の発表にそれを利用するとき）は、その著作物の利用許諾と児童生徒および保護者の許諾が必要となるのが原則です。

　そして、例外としての「引用」は、前述の通りです。

解説 ❸ 児童生徒および保護者の許諾を得るのが事実上難しい場合は？

取り扱う作品が多数の場合など、すべての児童生徒および保護者に許諾を取ることが事実上極めて困難となることもあるでしょう。しか

し、「許諾を得られないため児童生徒の作品やレポートを利用できない」となると、先生がたの研究発表会の発表資料は、一切事例のない非常につまらないものとなってしまいます。ですから、この場合もやはり前述の「引用」をうまく活用するのがよいのではないでしょうか。

・・・・・・・・・・・・・ **まとめ** ・・・・・・・・・・・・・

研究論文や講演などで他者の著作物を利用したい場合は、
⇨「引用」の要件を満たして利用する。
⇨ただし、「児童生徒の作品やレポート」を実践事例として利用する際には、「児童生徒の許諾」か「引用とすること」が求められることに注意する。

ここに注意！

　「引用」に関しては、「引用して利用する側」と「引用される側」で、その範囲の見解に大きな差異があるのが現実です。判例も多く示されています。
（103ページ　コラム「利用者としての児童への「引用」の指導」参照）

研修・学校外で

コンクール等の実施主体による
著作物の取り扱いと学校の対応

Q：作文コンクールや絵画展などで学校が作品募集の紹介を
して、児童生徒の作品を出品するときに、著作権の取り扱
いはどのようになるのでしょうか？

A：応募しようとする作品の著作権は児童生徒にあります。
通常は、コンクールや展覧会に出品した作品は、返却され、
出品作品を収録した作品集等を作る場合には、出品者一人
ひとりに許諾を得るなど、通常の著作権処理が必要となります。

　しかし、コンクールなどでは、入賞した作品を複製してポスターを印
刷したり、広報活動に利用したりする場合がよくあります。また、数千
件もの作品が集まるコンクールなどでは、作品のすべてを出品者に返送
することが困難な場合などもあります。そこで、作品を募集する際に、
コンクールの主催者（実施主体）が募集要項に著作権の取り扱いを記載
し、出品や出展された作品の著作権が主催者に帰属するとしている場合
があります。このような場合には、応募した段階で、出品作品の著作権
を主催者に譲渡することを了承したとみなされます。

　たとえばコンクールの主催者に著作権が帰属するとか、著作権は応募
者に帰属するというように様々なケースがあります。募集要項や応募規
定を確認すると、著作権や作品の返却の扱いの記述はさまざまです。著作権
は応募者に帰属するが、入賞作品だけは主催者が著作権を保有するという場
合もありますし、用途を明示して「〇〇啓発用ポスターに使用します」とい
う場合もあります。作品は返却しないと明記されている場合もあります。作
品の発表の場に限って公表権を主催者が持つという場合もあります。

　学校が仲介者として応募を紹介するうえで、著作権の扱いについては
あらかじめ調べておき、児童生徒や保護者に正確に伝えて、応募するか
どうかを決めてもらうことが大事です。

　■コンクールや展覧会に出品するときに、学校としてどのよ
うな対応が必要となりますか？

□授業などで制作された児童生徒の作品を作品展に出品する場合は、募集要項をよく確認し、児童生徒や保護者に応募作品の扱いについて説明し、了解を得たうえで応募するべきでしょう。特に児童生徒や保護者にとっては、作品が返却されないというのは想像できない状況かもしれません。返却されない場合には、出品前に写真を残しておくなどの方策も考えられます。

募集要項に作品の扱いや著作権の帰属について記載がない場合は、通常は原則として著作権は作者である児童生徒に帰属し、作品は返却されるものと考えられますが、間違いがないように主催者側に事前に確認すべきです。

記述があっても内容があいまいだったり、不明な事項がある場合には、学校が主催者に問い合わせて確認を取りましょう。児童生徒の大切な作品が損なわれないように慎重に検討するようにしてください。

解説❶ 応募作品の発表について、公表権を主催者が持つ場合

応募作品の「公表権」を主催者が持つと規定している作品展もあります。その場合は、著作権は出品者である児童生徒に帰属するものの、公表するかどうかを決める著作者人格権である公表権について主催者が判断することを許諾するという意味と解釈できます。本来、著作者人格権は「一身専属性」といって、著作者本人に帰属し譲渡できないものですが、第18条（公表権）には、まだ公表されていない著作物を他者に譲渡した場合には、その著作物を公表する行為について同意したものと推定する、とされています（第18条第2項第1号）。

作文にプライベートな内容が記載されていて、家庭によっては作品を公表されたくないという場合も想定できます。応募作品に事前に目を通して、応募後の取り扱いを考えて不都合がないかを確認することも、仲介者としての先生の責任と思われます。

解説❷ 生徒のグループ作品

班やチームなどのグループで共同して調査や制作をした作品をコ

ンクールなどに応募するケースでは、作品はグループの「共同著作物」（第2条第1項第12号）ということになります。制作に参加した生徒一人ひとりが著作権を持つことになり、作品の応募や利用などの取り扱いについては一人ひとりの意思が尊重されることが原則です。しかし、逆に、一人の反対によって、他のメンバーは同意していても応募ができないという状況が生じるなど、教育上の不都合が発生する場合があります。

　著作権法の建前では、「共同著作物」の場合は、共有者全員の合意によらなければ、自分の持分を処分できません。また、権利行使も全員の合意がなければ行使できないことになっています（第65条第1項、第2項）。ただし、共有者は理由もなく「合意」を拒むことはできず、拒むのがやむを得ないと思われる正当理由が必要されるという手当てがされています（同条第3項）。

　このような場合の不都合を避けるために、「共同制作の作品の著作権は学校に帰属することとします」とか、「著作権は各個人に帰属しますが○○コンクールへの応募に同意することとします」、といった取り決めを、児童生徒や保護者との間でよく説明しておくか、あらかじめ著作権の帰属先や応募の取り扱いなどを定めてから共同制作を開始するということも考えられます。

・・・・・・・・・・・・・・・　**まとめ**　・・・・・・・・・・・・・・・

出品・出展する作品の著作権は、制作者である児童生徒に帰属するが、コンクールや作品展の主催者の意向によっては、応募作品の著作権を主催者に譲渡することが応募条件となっている場合がある。

ここに注意！

　出品・出展に伴って、作品の著作権の扱いがどうなるのか、作品の返却がされるのかどうかなど、作品の取り扱いについて募集要項を確認して主催者側の意向を把握しておくようにしましょう。

個人名の研究発表での著作権者は誰か

Q：本校の教育研究の取り組みを研究発表し、投稿した論文
が学会誌に掲載されました。この論文の著作権者は誰でし
ょうか？

A：状況によります。基本的には論文を執筆した個人が著作
者であり著作権者ですが、学校などの法人での職務上作成
した著作物は「職務著作」となる場合があり、法人が著作
権者になります。また、学会誌の規約により、掲載論文の著作権を学会
に帰属するとしている場合は、学会誌に載った時点で著作権を学会側に
譲渡したことになります。

■論文の著作権者が、執筆した個人のものにならないケー
スにはどのような理由があるのですか？

□論文が作成された状況と、作成された論文がどのように
利用されるかによって著作権が個人のものではないことが
望ましい場合があるのです。

　　「職務著作」は、職務の一環で文芸・音楽・映像・ソフト
ウェアなどの著作物を創作した場合、創作した個人ではなく、創作を指
揮監督した雇用主が著作権を有するという考え方です。第15条第1項
（職務上作成する著作物の著作者）に法人が著作者となる要件が記述さ
れています。

(1) 法人等の発意に基づき

(2) 法人等の業務に従事する者が職務上作成する

(3) 法人等が自己の著作の名義の下に公表するもの

(4) 作成時の契約、勤務規則その他に別段の定めがない

　　つまり、職務上の指示があって、職務として作成した論文やレポート

は法人の著作物として発表される場合があるということです。

　また、学会誌などが著作権の帰属を学会にすることを条件に論文投稿や研究発表させるケースでは、発表論文などが引用や別刷複製などの形で利用される際に、学会が代表して許諾を判断できるようにするためと考えられます。個々の執筆者が著作権者であると個別に使用許諾を得る必要がありますが、学会誌の掲載論文を世界的な学術データベースから検索・閲覧できるようにするために、すべての論文の著作権者から許諾を得るのは現実的ではありません。

解説 ❶🐰 学校内で執筆したものではなく、自宅で執筆したものなら執筆者が著作権者になる？

　「職務著作」かどうかの判断には、創作の場所が職場であるか否か、勤務時間内であるか否かは基準にはなっていません。裁判で判断する場合の判断材料にはなりますが、自宅で執筆したからといって職務著作ではないと言い切れるものではないということです。例えば自宅で勤務時間外に作成された学校の組織的プロジェクトの一環の資料などは法人の著作物となる場合があります。

解説 ❷🐰 学校で執筆したものでも、個人の著作物となる？

　創作の場所が職場であり、勤務時間内に作成された著作物でも、職務著作の要件にあてはまらないものは、個人の著作物と考えて差し支えありません。

　先生の職務は児童生徒に授業をすることです。授業のために学習指導案を作成しますが、指導案を作成すること自体が職務ではありません。指導案は先生個人の著作物であり、法人としての学校の著作物ではありません。授業や学習活動について研究発表論文を書くことも、先生の一般的な職務ではありませんので、職務に付随して書かれた先生個人の著作物と考えられます。

　なお、資料全体の著作権は先生に帰属するとしても、個々の素材の著作権は他者が持っている場合は、素材の利用について許諾を得る必要が

あります。また、児童生徒は学校と雇用関係がありませんから、児童生徒が作成した資料や素材は職務著作ではありません。必要に応じて著作権の譲渡を受けたり、利用許諾を得たりすることになります。

・・・・・・・・・・・・・・ まとめ ・・・・・・・・・・・・・・

　個人の著作物の著作権は創作者に帰属する。ただし、職務上創作したものは職務著作として法人著作物となる場合がある。

　また、学会誌掲載や研究発表に伴い、著作権を学会等に譲渡するケースもある。

ここに注意！

　学校や教育委員会によっては、あいまいさを避けるために職員の著作物についての契約や規定を定めている場合があります。著作物の作成時に規約などの取り決めが存在すれば、その規約に基づいて、個人の著作物か法人（学校等）の著作物かが判断できます。

研修・学校外で

職務で作成したものは誰の著作物か

Q：「職務著作」というものがあるそうですが、研究会などで発表するために私が書いた論文等の著作権も、学校のものになるのでしょうか？

A：先生方の活動は広い範囲にわたりますから、どこまで職務の範囲といえるかあいまいな部分があるのも確かです。先生個人の著作権の主張と対立するようなことが見込まれる場合は、著作物の作成時に、職務著作についての取り決めを作っておくのがよいかもしれません。

■そもそも「職務著作」って何なんですか？

□「職務著作」とは、著作権法第15条の要件を満たす場合、（実際に著作物を作成していなくても）法人その他の使用者が著作者となり、著作権のみならず著作者人格権を有することをいいます（第17条第1項）。

　第15条（職務上作成する著作物の著作者）第1項に定められている要件は以下のようなものです。
(1) 法人等の発意に基づき
(2) 法人等の業務に従事する者が職務上作成する
(3) 法人等が自己の著作の名義の下に公表するもの
(4) 作成時の契約、勤務規則その他に別段の定めがない
　これを満たすと「職務著作」となります。

解説① 「法人等の発意」って？
　「法人その他使用者」とは、先生にしてみると最高監督責任者と

いう意味では直接には校長であり、任命権者としては公立学校ならば自治体の教育長（地方教育行政の組織及び運営に関する法律第34条，教育公務員特例法第11条）、私立ならば理事長のような人にあたるでしょうか。ここでいう「法人等」の「発意」とは、学校組織の中で、指揮・監督・命令系統に置かれていることを想定しているので、そのような組織としての「発意」、つまり、当該創作活動をすると「意思決定」している者は誰か、ということです。

　具体的には、校長等が企画・監督する場合だけでなく、先生が提案をしてそれが認められた場合も含むと考えられています。先生が通常勤務しているなかで作成する文書などは、ほとんど職務著作になるでしょう。公表したものだけでなく、公表する前のものも含まれます。

　他方、教師の通常の「業務」とはいえない研究活動や執筆論文などは職務著作とはなりません。教師個人の著作物となります。

解説② なぜ「職務著作」が必要なの？

「職務著作」という形で、**著作者の権利を個人でなく、法人等に集中させることで、第三者が著作物を利用しやすくする意味がある**といわれます。例えば、新聞の場合、記事を書いた記者個人に著作権があるとすると、利用許諾を得るには記者ごとに個別に交渉しなければならなくなってしまいます。しかし職務著作ならば、会社が代表して利用許諾を与えることができるという具合です。

解説③ どこまでが「職務」の範囲なの？

職務の範囲は、「どこで、いつ」取り組んだかということで決まるものではありません。休日に自宅で取り組んだものでも、職務著作として認められる場合もありますし、勤務時間内に学校で取り組んだ物でも職務著作とならない場合もあります。それはあくまでも、職務の内容と義務をどうとらえるかによるようです。

　たとえば、大学で講義をしている教授は、講義をするための講義案を作成しますが、講義案を作成することそのものは職務であるとはいえま

せん。もし、職務であるとすれば、大学教授の講義案は大学の著作物となってしまいます。

　これを学校の先生に当てはめてみると、先生の職務は児童生徒に対して授業をすることで、そのための研修や教材研究などは、職務に付随して書かれた先生個人の著作物と考えることができます。

～～～～～～～～～～～～～～～～～～～～～～～～～～～～～～～～～～

解説④🐰 自分の著作物が学校のものにされてしまうようで嫌なのだけど…

　前述のとおり、教師の通常の「業務」とはいえない研究活動や執筆論文などは職務著作とはなりません。先生個人の著作権の主張と対立するような場面が見込まれるならば、その著作物の作成に入るときに、職務著作についての取り決めを作っておくのがよいかもしれません。

　その規則の中で、「こういう場合は著者が著作権を有する」として、想定される場面を列挙しておけば、その場合は職務著作にならないことを明確にできます。

- - - - - - - - - - - - - **まとめ** - - - - - - - - - - - - -

「職務著作」について は、
⇨ 第15条の要件を満たすと職務著作となる。
⇨ 「職務著作」の範囲を決めるには、別途取り決めをしておくのが無難。

ここに注意！

　なお、ここでいう「定め」は著作物の作成の時にあるものでよく、採用時に契約しておかなければならない、というものでもないといわれています。

家庭学習で新聞記事の 切り抜きをさせたい

Q：いずれ、授業や総合的な学習の時間などで使わせるため、児童生徒に新聞記事を切り抜いてスクラップブックにしたり、WEBサイト上の参考になる情報をコピーして保存したりするよう指示しています。問題ありますか？

A：特に問題はありません。ただし、「いずれ、授業や総合的な学習の時間などで使わせるため」なので、第30条第1項の「私的使用」には当たりません。

■なぜ「私的使用」（第30条第1項）の場合はコピーが認められるのですか？

□日常の生活の中でも、記録として残しておくことは行われ、インターネットの情報では、ブラウザのお気に入り（ブックマーク）にリンクを記録することもあります。リンクを記録することは複製にはあたりませんが、情報そのものをコピー&ペーストして残すことは著作物の複製にあたります。

もし、著作物等を利用する時は、いかなる場合であっても著作物を利用するたびごとに、著作権者の許諾を受け、必要であれば使用料を支払わなければならないとすると、こうした文化の発展に寄与することを目的とする著作権制度の趣旨に反することになりかねません。他者の著作物を基にしながら、自分なりの文化的創作をしていくためには、授業以外でも情報そのものを日常的に残しておき活用することは、第30条（私的使用のための複製）第1項の想定するところです。

私的使用として個人的に複製したものは、第47条の6（翻訳、翻案等による利用）第1項第1号により「翻訳、編曲、変形又は翻案」することもできます。

研修・学校外で

解説❶🐰 「私的使用」の範囲はどうなっている?

　第30条第1項によると、「私的使用」とは「個人的に又は家庭内その他これに準ずる限られた範囲内において使用すること」となっています。個人的に使う範囲でなら問題ありません。

　「その他これに準ずる限られた範囲内」とは、個人間での強いつながりがあり、目的をもって集まっている限定された小さなグループと考えるのが妥当で拡大解釈することがないようにしなくてはなりません。たとえば、児童生徒が自宅でコピーして教室に持ち込み、クラスメイトに配って利用するようなケースでは、個人間で強いつながりのある関係とはみなされず、著作権者の許諾が必要になると考えるべきでしょう。

　次に「その使用する者が複製すること」が要件になっています。ですから、「家庭内に順ずる範囲」とはいえない人に、自分が複製した資料をコピーしてあげたり、逆にコピーしたものをもらったりするのは違法になります。もちろん、それを公表したり、販売して対価をもらったりするのは、第49条第1項第1号（複製物の目的外使用等）により、複製時に翻って複製権侵害が成立することになります。もし、その複製物を公表する論文などに使うときは、第32条第1項（引用）の範囲で行うようにしましょう。

解説❷🐰 児童生徒が家庭で集めた著作物を授業で使う場合

　第35条第1項（学校その他の教育機関における複製等）は、「授業の過程」の中で「教育を担任する者及び授業を受ける者」が複製することができるとするものです。つまり、児童生徒も複製できますから、授業で使うために個人的に複製してきたものを持ち込むこともできます。この場合は、授業で使うために複製してきたので、すでに第30条第1項には該当しないことになり、第35条第1項が適用されることになります。

> ・・・・・・・・・・・・・・・ **まとめ** ・・・・・・・・・・・・・・・
>
> **学校外での児童生徒による個人的な勉強のための資料集め** では、
>
> ⇨ 第 30 条「私的使用」の範囲内であれば、新聞のスクラップや WEB サイトの情報のコピーなどは可能。
>
> ⇨ 集めた著作物を実際に授業で利用する場合は、「私的使用」ではないが、第 35 条第 1 項の「授業の過程での利用」に該当するので問題にならないと考えられる。

ここに注意！

　第 35 条では、

■「必要と認められる限度において」複製すること

■「当該著作物の種類及び用途並びに当該複製の部数及び当該複製、公衆送信又は伝達の態様に照らし著作権者の利益を不当に害することとなる場合は、この限りでない。」

とあることに注意しましょう。

　私的使用の場合は、あくまで個人使用なので、第 35 条第 1 項のような「必要と認められる限度」という制限はなく、本をまるごと一冊でもかまいませんし、量的制限もありません。他方、第 35 条の場面では、私的使用の範囲と比べれば格段に広い範囲で使うことになるわけですから、それだけ著作権者の権利に対して配慮しなければならないという意味を考えに入れておかなければいけません。

研修・学校外で

CASE4-8

ボランティアで「読み聞かせ」をする場合は？

Q：「読み聞かせ」をする学校が増えていますが、教職員でない一般のボランティアの方が「読み聞かせ」をする場合、著作権法上の問題はないのでしょうか？

A：特に問題はありません。ただし、範囲を超えた利用には注意しましょう。

■「ボランティア」は、どのような位置づけになるのでしょうか？

□教育職員免許法第３条には、「教育職員は、この法律により授与する各相当の免許状を有する者でなければならない。」とされており、教員免許状を有する者でなければ、授業をすることはできません。しかし、最近では、免許状がなくても、ティームティーチング（以下 T.T.）をすることで該当の授業に教員が入り、ボランティアや外部の講師を招いて授業をすることが多くあります。

著作権法第 35 条第１項（学校その他の教育機関における複製等）では、「教育を担任する者及び授業を受ける者」となっているので、**条件を満たせば、ボランティアが実施する授業（T.T.）でも、複製をすることに問題はありません**。また、「改正著作権法第 35 条運用指針」(215 ページ)でも、教育を担任する者に該当する例として「教諭、教授、講師等（名称、教員免許状の有無、常勤・非常勤などの雇用形態は問わない）」としているので、**権利者側の見解としても問題はありません**。

解説①🐰 「読み聞かせ」は何に当たるのか？

ボランティアの方が児童に本を読んで聞かせる「読み聞かせ」の場合、著作権法上は、他人の著作物（書籍・絵本）を「口述」（第24条：口述権）することに当たります。したがって、客観的には口述権侵害が起きているわけです。

しかし、第38条第1項（営利を目的としない上演等）の権利制限規定では、「公表された著作物は、営利を目的とせず、かつ、聴衆又は観衆から料金（略）を受けない場合には、公に上演し、演奏し、上映し、又は口述することができる。」とされていますので、**厚意で行われるボランティアの読み聞かせについては、問題なく実施できる**と考えられます。

解説②🐰 「読み聞かせ」のボランティアに報酬を渡す場合

第38条第1項にはただし書きで「当該上演、演奏、上映又は口述について実演家又は口述を行う者に対し報酬が支払われる場合は、この限りでない。」とあります。つまり、口述者になにがしかの報酬が支払われる場合は、第38条第1項（営利を目的としない上演等）の対象外となるということです。

しかし、「読み聞かせ」のために、ボランティアの方に、電車に乗ってわざわざ来てもらった場合はどうでしょう？　ボランティアとはいえ、学校に来てもらうまでの交通費が必要な場合は当然ありえます。そういった**実費に関しては、通常、報酬とは考えられませんので、問題はない**と考えてよいでしょう。

解説③🐰 「読み聞かせ」を録音する場合

「読み聞かせ」の活動としては、ボランティアの方が、視覚障害のある人に、「直接読み聞かせる」ことや、通常の学校で「朗読したものを録音し、視覚障害のある人に録音を聞かせる」などの活動が考えられます。しかし、この場合には特別の注意が必要です。

第37条（視覚障害者のための複製等）第3項では、「視覚障害者等のために情報を提供する事業を行う法人」（法人格を有しないボランティ

ア団体等を含む）であって、以下［1］〜［4］の要件を満たす者については、文化庁長官による個別指定を受けずとも、複製・公衆送信を行うことができる」とされているからです。

その要件を要約すると、

［1］複製や公衆送信を行える技術や能力があること。

［2］必要な著作権に関する知識を持っている職員がいること。

［3］情報提供先（視覚障害者等）の名簿を作っていること。

［4］必要な事項を「一般社団法人授業目的公衆送信補償金等管理協会 SARTRAS」の WEB サイトに掲載していること　です。

これらの要件を満たしていない場合、ボランティア活動とはいえ、通常の小中高等学校で録音を行い、それを貸し出すことは違法になってしまいます。

解説 ④ 幼稚園や保育園でボランティアが掲示物を作成する場合

幼稚園や保育園の子どもたちは、まだ自分で掲示物等を作ることが難しいので、代わってボランティアや保護者の方が無償で掲示物をつくることがあります。しかし、この場合、**著作物を許諾なく複製することはできません**。もちろん、オリジナルの作品であれば問題はありませんが、キャラクターなどの著作物を掲示物に描くこと（複製にあたります）はできませんので、注意が必要です。

・・・・・・・・・・・**まとめ**・・・・・・・・・・・

ボランティアで読み聞かせをする場合、

⇨学校の授業における読み聞かせであり、ティームティーチングの形であれば、問題なくできる。

⇨授業内でなくても、営利を目的としない無償での行為であれば、問題はない。

ただし……、

⇨読み聞かせを録音して貸し出すのは不可。

CASE4-9

児童生徒に学校行事の映像を
コピーして渡したい

Q：たとえば、都合で参加できなかった児童生徒や、不登校の児童生徒に、学校行事の様子を撮影した映像を複製し、配布したい場合、どんなことに気をつけるべきですか？

A：目的によって異なります。「授業の過程」として児童生徒に向けて配信する場合と、「記念品として映像を配りたい」場合で対応がちがうので注意しましょう。

■同じ、「行事を撮影して配信する」という行為なのに、必要な対応が異なるのはなぜですか？

□「誰が、どういう目的で著作物を使うか」が異なるからです。たとえば、著作物を利用した特別活動の様子を教師がリアルタイムで配信する場合は、児童生徒が、授業を受けるという目的で利用することになるので、第35条第1項の規定により問題ありません。

いわゆるスタジオ型授業（会場に児童生徒がいないライブ配信型）やオンデマンド型授業（予習復習用に著作物を公衆送信するケースなど）の場合は、有償（授業目的公衆送信補償金の支払い）とはなりますが、同じく問題なく利用できます。

一方で、たとえば、「記念品として保護者（や児童生徒）に配布する」場合は、授業の過程にはあてはまらないため、含まれている著作物の著作権者の許諾が必要になります。

利用場面と利用方法によって、必要な手続きが異なるのです。

解説① **「保護者」へのインターネット配信の考え方**

この場合、著作物を利用した行事などの動画を、保護者に向けて

研修・学校外で

インターネット配信する行為をどのように捉えるかが問題となります。「改正著作権法第35条運用指針（令和3（2021）年度版）特別活動追補版」では、「保護者、協力者等に限定して、著作物を利用した各特別活動の映像や音声をネット・ミーティングシステム等を用いてリアルタイム（ライブ）配信する行為は、必要と認められる限度内であるというのが、権利者と利用者の現時点での共通認識」とされており、このようなケースの場合は、「必要と認められる限度内」であるという認識が示されています。**保護者への配信も可能**であるということです。

解説 ② 「記念品」として、動画や映像を配布する場合

この場合は、「記念品」ですので、特別活動の運用改善のための複製や、授業実施のために必要な範囲での複製ではないことになります。授業の過程ではありませんので、著作物が含まれる映像や音声をDVDなどの記録メディアに保存（コピー）するためには、**著作権者や著作隣接権者の許諾が必要**となります。

時折、「著作権の関係で、保護者の回覧後にDVDを回収している」という対応を耳にすることがありますが、このような場合、仮に、DVDが1枚だけであったり、回覧・配布後に、回収・廃棄したとしても、第35条第1項の制限規定は適応されず、複製権の侵害となってしまいます。

解説 ③ 「記念品」として配布する映像に、市販の音源が入っている場合

第三者に著作権のある楽曲を、教員や児童生徒が演奏したり、歌ったりしている場合は、その著作権者の許諾を得ることでDVDへの収録が可能になります。しかし、市販の音源がそのままBGMとして利用されているようなケースでは、楽曲の著作権者の許諾だけでなく、CD等の音源のレコード会社などの、著作隣接権者の許諾も必要となってきます。手続きが非常に煩雑になることを意識しておく方がよいでしょう。いわゆる市販のCDを使うのではなく、ネット上で使うことを想定して有料でネット上で頒布している音源などもあり、そういった権利処理された音源は安心して複製したりYouTube等でもBGMとして使うこと

ができます。

> ・・・・・・・・・・・・・・ **まとめ** ・・・・・・・・・・・・・・
>
> **著作物の含まれた行事の動画を配信したい場合、**
>
> ⇨ 「授業の過程」であり、配信先が児童生徒であれば、有償、無償のケースがあるが、配信は可能。
>
> ⇨ 「授業の過程」に含まれ、権利者の利益を不当に害さない範囲内にある場合は、参観している保護者への配信も可能となる。
>
> **ただし……、** ⇨ 「記念品」として配布するような場合は、著作権者の許諾が必要となる。

ここに注意！

　保護者へのインターネット配信が「必要と認められる限度内」であるのはなぜでしょう？　「改正著作権法第35条運用指針（令和3（2021）年度版）特別活動追補版」では、このような場合の考え方として、

・特別活動等の授業での学習の成果を保護者や授業協力者等に発表することは、優れた教育効果が期待できるとともに、学校、家庭、地域社会の連携を一層強化することが期待される

・従来のように「児童生徒が授業を受けている様子を参観する」ことだけが授業参観の目的ではないことが多くなっている

・教育の情報化の推進にあたっては、学校の授業と家庭学習、地域社会のICTを活用した連携が必要であり、ICTの活用に対する保護者等の理解と協力は不可欠

・特別活動をインターネット配信等することは、教育の情報化の一環であり、教育の情報化に対する保護者や地域社会の理解と協力体制の構築につながることが期待される

などの社会的背景から、「著作物を利用した各特別活動の映像や音声をネット・ミーティングシステム等を用いてリアルタイム（ライブ）配信する行為は、必要と認められる限度内である」としているのです。

パンフレットや説明資料などの写真を メモに撮るのは？

Q：校外学習にタブレット端末を持って出ている時に、説明で配られたパンフレットや、見学先の施設の説明の掲示物などをメモとして写真にとっても問題ないでしょうか。

A：多くの場合、その写真を自分のメモとしてだけ使ったり、学校の学習の中で使ったりすることは問題ありません。ただし、撮影禁止の掲示物などの場合は、自分のメモとしても撮影して残すことはできません。

■なぜ撮影できる時とできない時があるのでしょう？

□タブレット等での撮影はそのものを複製して残していることになり、著作者の持つ複製権（著作権法第21条）に反することになるからです。しかし、私的使用のため（著作権法第30条第1項）や、学校その他の教育機関における複製（著作権法第35条第1項）により、著作権者の権利が制限されているため撮影できるケースがあるのです。もちろん無制限ではなく、それぞれの範囲が定められています。

撮影禁止となっている場所や物は、条文では明記されていませんが、「施設管理権」に基づき、施設管理者によって提示されています。

解説❶ 自身のメモとして撮影したものを、友達に渡すことはできるの？

自分のメモとして私的な使用のために撮影したものは、私的使用のための複製（著作権法第30条第1項）として認められます。ただし、「個人的に又は家庭内その他これに準ずる限られた範囲内において使用する

こと（略）を目的とするときは、次に掲げる場合を除き、その使用する者が複製することができる。」とされ、使用する目的があくまでも、「個人」あるいは「家庭内」、「これに準ずる限られた範囲内」となっていますので、ごく限られた範囲を超えて友達に渡すことはできません。

　WEB上に旅行記をアップする時など、行ってきた場所の紹介等のために、パンフレットに掲載された著作物を利用しての紹介は、公衆送信（第23条第1項）になりますので、私的使用で認められている複製ではありません。公衆送信権（第23条第1項）は著作者が専有するとされており、許諾をとる必要があります。

解説 ❷ 撮影してきたものを学校の授業の中で資料として使い、友達と一緒に利用することはできますか？

　友達と一緒に使うことがまったくできないわけではありません。私的使用では「個人的に又は家庭内」とされていますが、学校の授業の中では、学校その他の教育機関における複製（著作権法第35条第1項）が適用されるので、撮影してきた写真を利用して調べ学習の資料としたり、校外学習のまとめを作成したりすることができるのです。

　この時に気をつけるのは、
・公表されているもの
・必要と認められる限度内
・著作権者の利益を不当に害することがない
という点です。

　実際に写真に撮っているので、公表されているものだと思われますが、元のパンフレット等が販売されているものである場合には、著作権者の市販での販売を阻害することになってしまうことがないか、注意が必要です。その施設の良さを伝え、実際に行ってみてほしいという願いがあるのであれば、私的使用での複製の部数などにも配慮したいものです。

　また、授業の範囲を超えて、学校のホームページに公開したり、何かの賞などに応募したりする時には、第35条第1項の範囲を超えてしまいます。その時には、著作権者に許諾を得るようにしましょう。

研修・学校外で

解説③ 撮影禁止とされているのはなぜ？

撮影を禁止するのは、その施設の所有者や管理者の「施設管理権」によってです。その資料を写真に撮ることで、他の利用者の迷惑になるので禁止しているケースや、その資料が貴重なもので、その資料の写真等を販売しているので禁止しているケース、写真を撮る時にフラッシュを利用することで照明効果に影響があり、掲示物の展示の創意に影響がある場合などがありえます。

これは施設の中でのことです。施設の外に恒常的に見える看板などや構築物などは、公開の美術の著作物等の利用（著作権法第46条）によって、写真を撮ることができることになっています。

・・・・・・・・・・・ まとめ ・・・・・・・・・・・

パンフレットや説明資料などの掲示物は、写真に撮ることができる。

⇨個人的な使用や家庭内での使用は私的使用（第30条第1項）として可能。

⇨授業の中での利用であれば、学校その他の教育機関での複製（第35条第1項）として可能。

ただし……、

⇨撮影禁止とされている場合は写真に撮ることはできない。

資料編

2020 年 12 月 24 日公開の「改正著作権法第 35 条運用指針（令和 3（2021）年度版）」を掲載しています。

2020年12月　著作物の教育利用に関する関係者フォーラム　より関連部分を抜粋

　本資料は、教育関係者、有識者、権利者が参加するフォーラムでの意見交換、協議の中で、改正著作権法第35条を運用する際に使用する用語の定義等に関して、現時点で引き続き検討が必要な事項を含め共通認識が得られた部分を公表するためのものです。本資料の内容については、定期的に見直すことにしています。

　同条でいう授業の過程における著作物の利用の条件については、今後も、共通認識の得られた事項を順次公表してまいりますので、参照される場合には、公表の年月をご確認のうえ最新のものをご利用ください。

1.　用語の定義

①「複製」

　手書き、キーボード入力、印刷、写真、複写、録音、録画その他の方法により、既存の著作物の一部又は全部を有形的に再製することをいいます（著作権法第2条1項15号。著作物だけでなく、実演、レコード、放送・有線放送の利用についても同様です）。

該当する例
・黒板への文学作品の板書
・ノートへの文学作品の書き込み
・画用紙への絵画の模写
・紙粘土による彫刻の模造
・コピー機を用いて紙に印刷された著作物を別の紙へコピー
・コピー機を用いて紙に印刷された著作物をスキャンして変換したPDFファイルの記録メディアへの保存
・キーボード等を用いて著作物を入力したファイルのパソコンやスマホへの保存
・パソコン等に保存された著作物のファイルのUSBメモリへの保存
・著作物のファイルのサーバへのデータによる蓄積（バックアップも含む）
・テレビ番組のハードディスクへの録画
・プロジェクターでスクリーン等に投影した映像データを、カメラやスマートフォンなどで撮影すること

②「公衆送信」

　放送、有線放送、インターネット送信（サーバへ保存するなどしてインターネットを通じて送信できる状態にすること（「送信可能化」を含む））その他の方法により、不特定の者または特定多数の者（公衆※）に送信することをいいます（著作権法第2条1項7号の2,2条5項。著作隣接権の側面では、実演を放送・有線放送、送信可能化すること、レコードを送信可能化すること、放送・有線放送を再放送・再有線放送・有線放送・放送、送信可能化することがこれに相当します）。

　ただし、校内放送のように学校の同一の敷地内（同一の構内）に設置されている放送設備やサーバ（構外からアクセスできるものを除きます）を用いて行われる校内での送信行為は公衆送信には該当しません。

該当する例
・学外に設置されているサーバに保存された著作物の、履修者等からの求めに応じた送信
・多数の履修者等（公衆）への著作物のメール送信
・学校のホームページへの著作物の掲載
・テレビ放送
・ラジオ放送

※一般的に、授業における教員等と履修者等間の送信は、公衆送信に該当すると考えられます。

③「学校その他の教育機関」

　組織的、継続的に教育活動を営む非営利の教育機関。学校教育法その他根拠法令（地方自治体が定める条例・規則を含む）に基づいて設置された機関と、これらに準ずるところをいいます。

該当する例（カッコ内は根拠法令）
・幼稚園、小学校、中学校、義務教育学校、高等学校、中等教育学校、特別支援学校、高等専門学校、各種学校、専修学校、大学等（学校教育法）
・防衛大学校、税務大学校、自治体の農業大学校等の大学に類する教育機関（各省の設置法や組織令など関係法令等）
・職業訓練等に関する教育機関（職業能力開発促進法等）
・保育所、認定こども園、学童保育（児童福祉法、就学前の子どもに関する教育、保育等の総合的な提供の推進に関する法律）
・公民館、博物館、美術館、図書館、青少年センター、生涯学習センター、その他これに類する社会教育施設（社会教育法、博物館法、図書館法等）
・教育センター、教職員研修センター（地方教育行政の組織及び運営に関する法律等）
・学校設置会社経営の学校（構造改革特別区域法。営利目的の会社により設置される教育機関だが、特例で教育機関に該当）

該当しない例
・営利目的の会社や個人経営の教育施設
・専修学校または各種学校の認可を受けていない予備校・塾
・カルチャーセンター
・企業や団体等の研修施設

④「授業」

　学校その他の教育機関の責任において、その管理下で教育を担任する者が学習者に対して実施する教育活動を指します。

該当する例
・講義、実習、演習、ゼミ等（名称は問わない）
・初等中等教育の特別活動（学級活動・ホームルーム活動、クラブ活動、児童・生徒会活動、学校行事、その他）や部活動、課外補習授業等
・教育センター、教職員研修センターが行う教員に対する教育活動
・教員の免許状更新講習
・通信教育での面接授業 1、通信授業 2、メディア授業 3 等
・学校その他の教育機関が主催する公開講座（自らの事業として行うもの。収支予算の状況などに照らし、事業の規模等 が相当程度になるものについては別途検討する）
・履修証明プログラム 4
・社会教育施設が主催する講座、講演会等（自らの事業として行うもの）

該当しない例
・入学志願者に対する学校説明会、オープンキャンパスでの模擬授業等
・教職員会議
・大学でのFD[5]、SD[6]として実施される、教職員を対象としたセミナーや情報提供
・高等教育での課外活動（サークル活動等）
・自主的なボランティア活動（単位認定がされないもの）
・保護者会
・学校その他の教育機関の施設で行われる自治会主催の講演会、PTA主催の親子向け講座等

※履修者等による予習、復習は「授業の過程」とする。

※次の①〜③は、授業の過程での行為とする。

　①送信された著作物の履修者等による複製

　②授業用資料作成のための準備段階や授業後の事後検討における教員等による複製

　③自らの記録として保存しておくための教員等または履修者等による複製

※高等専門学校は高等教育機関だが、中等教育と同様の教育課程等について本運用指針での対応する部分が当てはまる。

1　通学制の大学と同様の授業

2　教科書等（インターネット配信を含む）で学んで添削指導や試験を受ける授業

3　インターネットを通して教員と学生が双方向でやりとりして学ぶ授業。リアルタイムに行う「同時双方向型」と、サーバにコンテンツを置く「非同時双方向型」がある。

4　社会人等の学生以外の者を対象とした教育プログラム。修了者には学校教育法に基づく履修証明書が交付される。

5　Faculty Development。教員が授業内容・方法を改善し向上させるための組織的な取り組み

6　Staff Development。職員を対象とした管理運営や教育・研究支援までを含めた資質向上のための組織的な取り組み

⑤「教育を担任する者」

授業を実際に行う人（以下、「教員等」という）を指します。

該当する例
・教諭、教授、講師等（名称、教員免許状の有無、常勤・非常勤などの雇用形態は問わない）

※教員等の指示を受けて、事務職員等の教育支援者及び補助者らが、学校内の設備を用いるなど学校の管理が及ぶ形で複製や公衆送信を行う場合は、教員等の行為とする。

⑥「授業を受ける者」

教員等の学習支援を受けている人、または指導下にある人（以下、「履修者等」という）を指します。

該当する例
・名称や年齢を問わず、実際に学習する者（児童、生徒、学生、科目等履修生、受講者等）

※履修者等の求めに応じて、事務職員等の教育支援者及び補助者らが、学校内の設備を用いるなど学校の管理が及ぶ形で複製や公衆送信を行う場合は、履修者等の行為とする。

⑦「必要と認められる限度」

　「授業のために必要かどうか」は第一義的には授業担当者が判断するものであり、万一、紛争が生じた場合には授業担当者がその説明責任を負うことになります（児童生徒、学生等による複製等についても、授業内で利用される限り授業の管理者が責任を負うと考えるべきです。）。その際、授業担当者の主観だけでその必要性を判断するのではなく、授業の内容や進め方等との関係においてその著作物を複製することの必要性を客観的に説明できる必要があります。例えば、授業では使用しないものの読んでおくと参考になる文献を紹介するのであれば、題号、著作者名、出版社等を示せば足るにもかかわらず、全文を複製・公衆送信するようなことについて、必要性があると説明することは困難です。また、大学の場合、教員が学生に対して、受講に当たり教科書や参考図書として学生各自が学修用に用意しておくよう指示した書籍に掲載された著作物の複製・公衆送信も、一般的には「必要と認められる限度」には含まれないと考えられます。

　「必要と認められる限度」は授業の内容や進め方等の実態によって異なるため、ある授業科目で当該授業の担当教員がある著作物を複製・公衆送信等を行っており、別の授業科目で他の教員が同様の種類の著作物を同様の分量・方法で複製等をしたとしても、実際の授業の展開によっては、一方は「必要と認められる限度」に含まれ、他方がそれに含まれないということも理論的にはあり得ます。したがって、外形だけで判断するのではなく、個々の授業の実態に応じて許諾が必要か不要かを判断する必要があります。

　また、「必要と認められる限度」に含まれるとしても、後述の⑨「著作権者の利益を不当に害することとなる場合」に該当する場合には、権利は制限されず許諾を得ることが必要となります。

⑧「公に伝達」

　公表された著作物であって、公衆送信されるものを受信装置を用いて公に伝達することをいいます。

該当する例
・授業内容に関係するネット上の動画を授業中に受信し、教室に設置されたディスプレイ等で履修者等に視聴させる。

⑨「著作権者の利益を不当に害することとなる場合」

　改正著作権法第35条では、著作権者等の許諾を得ることなく著作物等が利用できる要件を定めていますが、その場合であっても著作権者等の利益を不当に害することとなるときには、補償金を支払ったとしても無許諾では複製や公衆送信はできません。これは、学校等の教育機関で複製や公衆送信が行われることによって、現実に市販物の売れ行きが低下したり、将来における著作物等の潜在的販路を阻害したりすることのないよう、十分留意する必要があるからです。つまり、「教育機関において行われる複製や公衆送信」、「教員又は授業を受ける者による複製や公衆送信」、「それが授業の過程で利用されるもの」、「授業のために必要と認められる限度の複製や公衆送信」という要件のすべてを満たしていても、著作権者等の利益を不当に害することとなる場合にはこの規定は適用されず、著作権者等の許諾を得ることが必要になります。

　以下では、著作権者等の利益を不当に害することとなるかどうかのキーワード（著作物の種類、著作物の用途、複製の部数、複製・公衆送信・伝達の態様）ごとに基本的な考え方と不当に害すると考えられる例を、初等中等教育と高等教育に分けて説明します。

　説明の中で、「不当に害する可能性が高い（低い）」という書き方をしているのは、この運用指針で示す事例が確実に著作権侵害になる又はならないということを保証するものではないからです。関係

者の見解の相違があった場合には、個々のケースごとに、利用者がその行為について授業の目的に照らして必要と認められる限度であることを客観的に説明し得るか、又は権利者がその利益を不当に害されたことを客観的に説明し得るかによって判断せざるを得ません。また、示した例は典型的なものであり、これらに限られるものではありませんので、ここにあげられていないケースについては「基本的な考え方」や典型例を基にして個別に判断する必要があります。どのような場合に不当に害することになるかについての「基本的な考え方」は、教育関係者がこれに委縮して利用を躊躇してしまうことは改正法の意図するところではありませんが、逆に学習者にとって良かれと思ってというような安易な発想に立つのも禁物です。⑦で述べたように、当該教育機関の目標やねらいに照らして必要と認められる限度で著作権者等の権利が制限されますが、その範囲の利用であっても、その行為が社会における著作物等の流通にどのような影響を及ぼすかについて留意する必要があります。本項は、それを考えるために「基本的な考え方」を整理したものです。このような構造と考え方を理解していただけると、ICT活用教育に伴う著作物利用について、相当円滑に進むものと考えられます。

　なお、ここに示したのは、第35条の規定に関する考え方であり、教育活動の中では、引用など他の規定の適用を受けて著作権者等の許諾を得ることなく著作物等を利用できる場合があります。

⑨－1 初等中等教育

基本的な考え方
■著作物の種類■
○著作物の種類によって、そもそもこの規定を適用することが適切ではないものがあります。例えば「プログラムの著作物（アプリケーションソフトウェア）」です。学習用の市販のアプリケーションソフトウェアを一つだけ購入し、もしくは、1ライセンスのみ購入し、それを学校の複数のPCにコピーして使用したり、児童・生徒に公衆送信して提供したりすることは、プログラムの著作物という種類に照らして著作権者等の利益を不当に害する可能性が高いと考えられます。
○この規定により著作権者の許諾を得ずに著作物を複製又は公衆送信する場合、複製又は公衆送信できる分量について「授業において必要と認められる限度において」と定められているところ、この要件を充足した場合であっても、市場での流通を阻害するような利用が著作権者等の利益を不当に害することとなりかねないことを考えると、著作物の種類によっては著作物の全体が利用できるのか、部分の利用に限られるのかが異なることもあります。このことについてどの著作物の種類が全部の利用ができるか、あるいはそうでないかを網羅的・限定的に示すことは困難ですが、例を挙げながらその考え方を示します。

　　短文の言語の著作物、絵画及び写真の著作物などの場合は、全部の利用が不可欠であるとともに、部分的に複製又は公衆送信することによって同一性保持権の侵害になる可能性があります。そのような種類の著作物であれば、一つの著作物の全部を複製又は公衆送信をしても著作権者等の利益を不当に害するとは言えない可能性があります。なお、この項でいう「複製又は公衆送信」は、授業に供する著作物を単体で利用する場合について述べたものであり、授業風景や解説の中継映像などの動画の中で影像の一部として、又は背景的にこれらの著作物が利用されている場合（専ら著作物等自体を提供するような行為でない場合）は、著作物の種類に関わらず、著作物の全部が複製又は公衆送信されていても著作権者等の利益を不当に害する可能性は低いと考えられます。
○厳密には「著作物の種類」という観点での区別ではありませんが、著作物の種類とも関連して著作物が提供されている状況や著作物を入手する環境によって、授業の目的で著作物の全部を複製する

ことが、著作権者等の利益を不当に害することに該当する場合もあれば、そうでない場合もあります。以下はそのような観点から考え方を説明します。

・一つのコンテンツの中に複数の著作物が含まれている場合、コンテンツと他の著作物の相互関係によって著作権者等の利益を不当に害するかどうかの分量が異なることもあり得ます。例えば、放送から録画した映画や番組であれば、通常、全部を複製することは著作権者等の利益を不当に害する可能性が高いので、そのうちの必要な一部分にとどめて複製することが考えられます。その一部分に音楽や言語の著作物等が素材として含まれていた場合、その一部分の利用が授業のために必要な範囲であれば、その素材としての著作物等については全部の複製をしていても著作権者等の利益を不当に害することとなる可能性は低いと考えられます。

・著作権者等の利益を不当に害するかしないかを判断する重要な観点は、複製や公衆送信によって現実に市販物の売れ行きが低下したり、将来における著作物の潜在的販路を阻害したりすることがあるか否かですので、利用者がその著作物を個別に入手（購入）できるかどうか、あるいはその利用許諾申請を著作権者等に、個別に又は包括的に行うことができるかどうかが一つのカギになります。相当程度に入手困難かつ、合理的な手段で利用許諾を得ることができない著作物であれば、この規定の適用を受けて複製できる著作物の分量については全部も可能となるものがあると考えられますので、個別に判断することが必要と考えられます。

〈全部を複製又は公衆送信しても著作権者等の利益を不当に害することとはならない可能性が高い例（授業に必要と認められる限度内であることを充足することが前提）〉
●採択された教科書中の著作物の利用
　※「個々の作品（文章作品や写真・イラスト等）の他に、発行した出版社等による著作物も含まれる。
　※採択された教科書の代替として使用される学習者用デジタル教科書の契約内の利用についても同様。
●俳句、短歌、詩等の短文の言語の著作物
●新聞に掲載された記事等の言語の著作物
●写真、絵画（イラスト、版画等を含む。）、彫刻その他の美術の著作物、及び地図

■著作物の用途■
○その著作物がどのような目的で作成され、市場でどのように供給されているかによって、著作権者等の利益を不当に害することもあります。

　例えば、児童・生徒が全員購入し、利用する目的で販売されている問題集やドリルを、児童・生徒の購入の有無にかかわらず、教師が、授業の過程で児童・生徒に解かせるために複製又は公衆送信するようなことは、当該著作物の本来の流通を阻害することになります。

　ただし、例えば、児童生徒がドリルを忘れてしまった際に、ドリルの一部をコピーして渡すというような行為は、許容されるでしょう。

　また、採択していない教科書（採択外教科書）の中の著作物については、採択した教科書（採択教科書）と異なり、原則として、授業に必要な限度の範囲内で、通常の出版物の中の著作物と同様の複製・公衆送信が可能と考えられます。

　例えば、1冊の採択外教科書の中の多くの著作物を複製・公衆送信する場合は、著作権者の許諾が必要です。

■複製の部数・公衆送信の受信者の数■

○複製部数や公衆送信の受信者の数が、授業を担当する教員等及び当該授業の履修者等の数を超えるような場合は、そもそも「授業のために必要と認められる限度」を超えており認められませんし、併せて著作権者等の利益を不当に害する可能性が高いと考えられます。ただし、授業参観や研究授業の参観者に、授業で配布する著作物と同一の著作物を配布することは、「必要と認められる限度」と考えられます（⑦「**必要と認められる限度**」を参照）。

■複製・公衆送信・伝達の態様■

○「複製の態様」に照らして著作権者等の利益を不当に害する場合の例としては、仮に全部の複製が認められるようなケースであっても、市販のような様態で製本し、複製することが考えられます。
　デジタルであるかアナログであるかは問いませんが、その複製物を単体で（教材の用途を超えて）他の利用に供することができるような場合には、著作権者等の利益を不当に害することとなる可能性が高いと考えられます。

○「公衆送信の態様」に照らして著作権者等の利益を不当に害する場合の例としては、学校、教育委員会のホームページや動画共有サービスなど、誰でもアクセスが可能なオープンなネットワーク環境（学校に在籍する教員や児童生徒以外の不特定者が、誰でも受信できるような態様）で公衆送信することが考えられます（この場合は、同時に「必要と認められる限度」の要件も充足しません）。
　著作権者等の利益を不当に害することがないように公衆送信を行うには、たとえば、授業支援クラウドなどで、IDとパスワードを児童・生徒全員に設定し、限定された児童・生徒のみに公衆送信したり、コンテンツの非公開URLを履修者である児童・生徒のみに伝えたりするなどの方法があります。いずれにせよ、授業の過程で利用することを実質的にコントロールできているかどうかが重要です。

○「伝達の態様」に照らして著作権者等の利益を不当に害する場合の例としては、この規定が授業の過程での利用に係る制限規定であることを考慮すると、授業の履修者以外の者にも見せるような態様で伝達することが考えられます。ただし、オンライン授業で保護者が機器の操作を補助することが必要な場合は、保護者は授業を支援するものと考えられ、著作権者等の利益を不当に害さないと考えられます。（⑥「**授業を受ける者**」を参照）

〈不当に害する可能性が高いため、補償金の範囲では利用できない例〉

●同一の教員等が、ある授業の中で、同一の書籍の中から1回目の授業で第1章、2回目で第2章を複製して配布するというように、同じ著作物や出版物の異なる部分を利用することで、結果としてその授業での利用量が当該著作物や出版物の多くの部分を使い、市販物の売れ行きを低下させるようなこと。

●授業を行う上で、教員等や児童・生徒が通常購入し、提供の契約をし、又は貸与を受けて利用する著作物について、購入等の代替となるような態様で、複製や公衆送信すること。
　・著作物の例
　　〈教科指導〉教師用指導書、参考書、資料集、問題集、ドリル、ワークブック、テスト・ペーパー、授業で教材として使われる楽譜、副読本、教育用映像ソフト
　　　ただし、履修者全員が購入していることが確認されている場合であって、問題の解説等を行う目的で付加的に複製等を行うことは許容される余地がある。
　　〈特別活動等〉演劇の脚本、読書会用の短編小説、部活動で使われる楽譜

●美術、写真など、「不当に害しない可能性が高いと思われる例」において全部の利用が認められている著作物を市販の商品の売上に影響を与えるような品質で提供すること

●市販あるいは長期間保存できるように製本して配布すること

●組織的に素材としての著作物をサーバへストック（データベース化）すること

⑨－2 高等教育

基本的な考え方

■著作物の種類■

○著作物の種類によって、そもそもこの規定を適用することが適切ではないものがあります。例えばコンピュータのプログラミングの授業を行うために市販のアプリケーションソフトを複製して学生に提供したり公衆送信したりすることは、プログラムの著作物という種類に照らして著作権者の利益を不当に害する可能性が高いと考えられます。もっとも、ソースコードを書面にプリントアウトしたりその書面を公衆送信したりするような場合であれば、アプリケーションソフトの市場での流通を阻害するとは言えないと考えられます。

○この規定により著作権者等の許諾を得ずに著作物を複製又は公衆送信する場合、複製又は公衆送信できる分量については、「授業において必要と認められる限度において」と定められています。市場での流通を阻害するような利用が著作権者等の利益を不当に害することとなりかねないことを考えると、著作物の種類によっては著作物の全体が利用できるのか、部分の利用に限られるのかが異なることもあります。このことについてどの著作物の種類が全部の利用ができるか、あるいはそうでないかを網羅的・限定的に示すことは困難ですが、例を挙げながらその考え方を示します。

　　まず、短文の言語の著作物などの場合、表現形式によっては一つの著作物の全体の利用をせざるを得ないことや、また、主に鑑賞を目的とした絵画や写真の著作物の場合は部分的に複製又は公衆送信することによって同一性保持権の侵害になるとの考え方もあります。そのような種類の著作物であれば、一つの著作物の全部を複製又は公衆送信をしても著作権者等の利益を不当に害するとは言えない可能性があります。

　　また、論文の著作物の場合、小部分の利用にとどまる場合ばかりではなく、全文を通読する必要がある授業もあり、その論文が市場に流通していないような場合には、一つの論文の全部を複製又は公衆送信しても、著作権者等の利益を不当に害することとなる可能性は低いと考えられます。

　　なお、この項でいう「複製又は公衆送信」は、授業に供する著作物を単体で利用する場合について述べたものであり、授業風景や解説の中継映像や動画の中で影像の一部として、又は背景的にこれらの著作物が利用されている場合（専ら著作物等自体を提供するような行為にならない場合）は、著作物の種類に関わらず、著作物の全部が複製又は公衆送信されていても著作権者等の利益を不当に害する可能性は低いと考えられます。

○厳密には「著作物の種類」という観点での区別ではありませんが、著作物の種類とも関連して著作物が提供されている状況や著作物を入手する環境によって、授業の目的で著作物の全部を複製することが、著作権者等の利益を不当に害することになったり、そうでなかったりすることもあります。以下はそのような観点から考え方を説明します。

　・一つのコンテンツの中に複数の著作物が含まれている場合、コンテンツと著作物の相互関係によ

って著作権者等の利益を不当に害するかどうかの分量が異なることもあり得ます。例えば、放送から録画した映画や番組であれば、通常、全部を複製することは著作権者等の利益を不当に害する可能性が高いので、そのうちの必要な一部分にとどめて複製することが考えられます。その一部分に音楽や言語の著作物等が素材として含まれていた場合、その一部分の利用が授業のために必要な範囲（専ら当該素材としての著作物等自体を提供するような行為にならない場合）であれば、その素材としての著作物等については全部の複製をしていても著作権者等の利益を不当に害することとなる可能性は低いと考えられます。

・専門性の高い論文集などで編集物として流通しているものの中に素材として掲載されている論文等の著作物を授業で利用する場合、元々の編集物が想定していない読者対象における利用であれば、その素材の論文等の全部の複製等をしても著作権者等の利益を不当に害することとなる可能性は低いと考えられる場合もあります。

　ただ、編集物が想定している読者対象の範囲はその編集物によって異なり、学術分野が学際化していることもあって明確に区分することは難しいため、専門性の高さゆえに発行部数が少ない専門出版物の場合には、それに掲載された論文等の全部の複製等をすることは特に配慮が必要です。

　また、定期刊行物に掲載された論文等の場合、想定している読者対象の需要を満たすことを考えると、発行後相当期間を経過していないものについては、その素材の論文等の全部の複製等をすることは著作権者等の利益を不当に害することとなる可能性は高くなると考えられます（ただし、編集物が当初想定している読者のニーズを満たすための期間（賞味期間のようなもの）は、その分野や内容によって一様ではないので、「発行後相当期間が経過した」と言っても、例えば図書館実務としてのコピーサービスで行われているように「次号が発行されれば過去のものに掲載された個々の論文等の複製等について許諾を得る必要がない」と単純に考えるのは適切ではありません。専門雑誌などの場合は、最新号が発行されてからも、過去のものも並行して入手可能なように流通させているものがあります。店頭に並んでいるからということだけで、出版社が想定している読者対象の需要が残っているかどうかを教員や学生に判断できるかは難しい点もありますが、結局のところ、担当教員が複製等をして学生に提供することにより、市場での流通に影響を与える可能性があるかどうかを、学生にとっての入手の容易性も考慮しながら個別に判断せざるを得ません。）。

　以上のことを踏まえると、論文等を全部複製することについては、当面は、①当該論文が市場に流通していないこと、②論文集などの編集物に収録されている他の論文が授業とは関係ないものであること、③定期刊行物に掲載された論文等の場合、発行後相当期間を経過していることといった基準で著作権者等の利益を不当に害しない範囲を判断することが適当と考えられます。

・著作権者等の利益を不当に害しないようにするためには、まず教育機関における著作権に関する意識の啓発が必要ですが、それと同時に教育関係者がその著作物を一般的な手段で入手することができるかどうかが一つのカギになります。容易に入手できる場合には、それを全部複製することは著作権者等の利益を不当に害する可能性が高くなり、逆に入手困難な場合には、その可能性が低くなることになります。この場合、入手の困難性の判断基準としては、従来であればその著作物（出版物）が絶版となっているかどうかが一つの分かりやすい目安とされていましたが、電子書籍の普及によって絶版になる可能性は低くなり、サブスクリプションや電子図書館その他の様々なサービスで利用可能になっている場合があります。ICTを活用した教育活動の展開や学生自身の学修の充実のためには、そのような選択肢が拡大することは望ましいといえます。もしコンテンツの新たな提供方法の開発により、学生自身の費用負担も少なく容易に論文全部の入手が

できるような環境ができれば、この規定を活用して論文を複製する際に全部利用も可能となるような基準は限定的に考えることができるかもしれませんが、現時点では個別に判断せざるを得ないと考えられます。

（全部を複製又は公衆送信しても著作権者等の利益を不当に害することとはならない可能性が高い例）

- ●俳句、短歌、詩等の独立した短文の言語の著作物
- ●新聞に掲載された記事等の言語の著作物
- ●雑誌等の定期刊行物で発行後相当期間を経過したものに掲載された記事等の言語の著作物
- ●上記に関わらず、論文の著作物であって専門書、論文集等に掲載されたものについては、授業の目的に照らして全文が必要と認められる場合であって、出版物全体に占める当該論文等の分量、当該出版物の流通の状況や当初の出版時に想定された読者対象かどうか、その出版物が出版後相当期間を経過しているか、入手が容易であるかなどを勘案して、個々の履修者が購入することが必ずしも合理的ではない場合
- ●主に鑑賞を目的とする写真、絵画（イラスト、版画等を含む。）、彫刻その他の美術の著作物、及び地図又は学術的な性質を有する図面、図表、模型その他の図形の著作物
- ●マークなどにより、事前の個別許諾手続きを不要とする著作権者の意思表示（条件が明示されているものを含む。）がなされた上で、又はそのような取り扱いがルール化された環境で提供されている著作物

■**著作物の用途**■

○その著作物がどのような目的で作成され、市場でどのように供給されているかによって、著作権者等の利益を不当に害することもあります。

例えば、学部の授業の内容がある資格試験と関連がある場合に、主として当該資格試験を受験しようとする者に向けて販売されている問題集を、授業の過程で演習問題として学生に解かせるために複製又は公衆送信するようなことは、当該著作物の本来の流通を阻害することになります。

○授業の履修に当たり、学生が手許に持っている教科書に掲載されているグラフ等の図版を授業の過程でスクリーンに投影して説明するために複製するような場合であれば、本来教科書の複製は、特にそれを学生に提供する場合には、授業の過程といっても著作権者等の利益を不当に害する可能性が高いと考える必要がありますが、これはその教科書に掲載されている個々の著作物をスクリーンに投影するために複製する中間的な行為に過ぎないので、教科書からの複製であっても不当に害することとはならないと考えられます。

■**複製の部数・公衆送信の受信者の数**■

○複製部数や公衆送信の受信者の数が、授業を担当する教員等及び当該授業の履修者等の数を超えるような場合は、そもそも「授業のために必要と認められる限度」を超えており認められませんし、併せて著作権者等の利益を不当に害する可能性が高いと考えられます。なお、授業の性質によって指導スタイルは多様であり、履修登録者数も時期によって増減があるため、人数の基準を数値で示すことは困難ですが、一般的には、少人数の規模でも多人数の規模でも、その授業のクラスサイズの単位を超えているかどうかで判断されます。

○番組を録画したものの一部を授業の中で再生して視聴させる場合、一般的には、教員のメインの機械から大型ディスプレイに投影したり、個々の学生が開いている PC のモニターに投影したりすれば足りるでしょう。したがって、学生にその録画物によって何らかの操作をさせたりするような特

別な学修形態でない限り、学生の人数分の複製物を作成して配付するようなことは著作権者等の利益を不当に害する可能性が高いと考えられます。

■複製・公衆送信・伝達の態様■

○「複製の態様」に照らして著作権者等の利益を不当に害する場合の例としては、そのために仮に全部の複製が認められるようなケースであっても、市販あるいは長期間保存できるように製本するような態様で複製することが考えられます。

　デジタルであるかアナログであるかは問いませんが、その複製物を単体で（教材の用途を越えて）他の利用に供することができるような場合には、著作権者等の利益を不当に害することとなる可能性が高いと考えられます。

○「公衆送信の態様」に照らして著作権者等の利益を不当に害する場合の例としては、LMSで学生の履修状況を管理するのではなく、ホームページなどオープンなネットワーク環境で履修者以外にも誰でも受信できるような態様で公衆送信することが考えられます。アクセスするためのIDとパスワードで管理することも一つの方法ですが、授業の過程で利用することを実質的にコントロールできているかどうかが重要です。

○「伝達の態様」に照らして著作権者等の利益を不当に害する場合の例としては、この規定が授業の過程での利用に係る制限規定であることを考慮すると、授業の履修者以外の者にも見せるような態様で伝達することが考えられます。

○なお、教員が作成する教材（プレゼンテーションソフトで作成した資料など）の文字列や画像からハイパーリンクを張って、特定機関のホームページ等に遷移させることは著作物の複製でも公衆送信でもありません。したがって授業の中で動画を視聴させるような場合、動画ファイルを保存したりそこからコピーして学生に配付しようとしたりすると、「必要と認められる限度なのか」、「著作権者等の利益を不当に害しないのか」を判断する必要がありますが、リンクを張るだけの場合であれば、それは無許諾・無償で行うことができます。

〈著作権者の利益を不当に害する可能性が高い例〉

●文書作成ソフト、表計算ソフト、PDF編集ソフトなどのアプリケーションソフトを授業の中で使用するために複製すること

●授業の中ではそのものを扱わないが、学生が読んでおいた方が参考になると思われる文献を全部複製して提供すること

●授業を担当する教員等及び当該授業の履修者等の合計数を明らかに超える数を対象として複製や公衆送信を行うこと

●授業の中で回ごとに同じ著作物の異なる部分を利用することで、結果としてその授業での利用量が小部分ではなくなること

●授業を行う上で、教員等や履修者等が通常購入し、提供の契約をし、又は貸与を受けて利用する教科書や、一人一人が演習のために直接記入する問題集等の資料（教員等が履修者等に対して購入を指示したものを含む。）に掲載された著作物について、それらが掲載されている資料の購入等の代替となるような態様で複製や公衆送信を行うこと（ただし、履修者全員が購入していることが確認されている場合であって、問題の解説等を行う目的で付加的に複製等を行うことは許容される余地がある。）

●美術、写真等であって、必要と認められる範囲で全部の利用が認められている著作物を、市販の商品の売上に影響を与えるような品質で複製したり製本したりして提供すること

●授業のために利用するかどうか明確でないまま素材集を作成するような目的で、組織的に著作物を

サーバへストック（データベース化）すること
- ● MOOCs（大規模公開オンライン講義、誰でもアクセスできる）のような態様で、著作物を用いた教材を公衆送信すること

（高等教育専門 WG において意見の対立がある部分、引き続き検討する事項）
○「教育機関で複製等が行われれば売り上げに影響することは立法当時から自明であり、売り上げが減るから直ちにそれが不当だと解釈するのは適当ではない。コンテンツの付加価値をより高め、権利処理コストも考慮した流通モデル（利用しやすいライセンス環境）も想定したうえで、教育機関による複製がなお「不当に」利益を害するかどうかを判断する視点も必要」との考え方に対し、「それは将来の市場を見越してビジネスモデルの変更を強いることになるため、既存の市場と衝突すればそれで不当と考えるべき。新たなビジネスへの転換のインセンティブ（投資）のためにも、権利が働くと考えるべき」との考え方がある。
○コースパック（定義から整理し直したうえで、問題点を検討する。）
○著作物の本来の用途から外れて想定外の人が所有している複製物（公表された著作物）を、授業の過程で複製して利用するようなことに係る問題点など、必ずしも 35 条の解釈の問題ではない課題について、運用指針にどう反映するか（教育現場がどのようなことに注意すればよいかの参考になるよう、どう提示すればよいか）。
○典型例の示し方

⑨－3 その他

①著作物レンタルや、デジタルサービス（デジタル教材、データベース、ワークシート、フォトサービス等）、コンテンツ配信契約、有料放送、有料音楽配信等のうち、教育利用であるか否かに関わらず複製、公衆送信して利用することが禁止されていることを定めている契約を、それぞれのサービスを提供する者との間締結した場合において、当該契約により入手した著作物を利用すること。
②コピーやアクセスの制限をかけられた著作物の複製又は公衆送信利用。
例）Blu-ray Disc/DVD などの映画の著作物等
　上記 2 項目については、本フォーラム内に著作権関係有識者専門ワーキング・グループを設置し、検討している。
※本運用指針記載の例で、すべてを網羅しているわけではありません。本運用指針の見直しにあわせて今後、学校等における典型的な利用例を追加していきます。

2. 学校等における典型的な利用例

授業での利用の例

　学校など教育機関の教員等は、授業の中で他人の著作物を複製し、履修者等に配付することなどについては、「その必要と認められる限度」において、著作権者の許諾を得ることなく、無償で行うことができます。また、他人の著作物を使用して作成した教材を、履修者等の端末に送信したり、オンデマンド型の遠隔授業で使用したりすることもできます。この場合、著作権者の許諾を得ることは不要ですが、学校などの設置者が著作権者に補償金を支払うことが必要です。

　ただし、いずれの場合でも、「当該著作物の種類及び用途並びに当該複製の部数及び当該複製、公衆送信又は伝達の態様に照らし著作権者の利益を不当に害する」場合には著作権者の許諾が必要です。

※以下の例で示した教科名、授業のテーマ、場面は参考例です。いずれの場合も、「引用」（著作権法第32条第1項）に該当する場合などは許諾不要、無償で利用できます。また、慣行がある場合は著作者名など「出所の明示」が必要です。

初等中等教育

A）許諾不要、無償で著作物を利用できると考えられる例

■複製■
〈教室での授業〉
1. 教科書※1に掲載されているエッセイの全部を授業で教員が板書する。
2. 単行本に掲載されているエッセイの小部分を授業で教員が板書する。
3. 新聞に掲載されている写真と記事をコピーした授業用のプレゼンテーション資料を作成する。
4. 3.で作成した資料を、事務補助員に依頼し印刷する。
5. 3.で作成した資料を、授業参観で生徒と参観した保護者に配布するために印刷する。
6. テレビの報道番組を録画し、その一部を授業で視聴する。

〈教室外での授業〉
7. 旅行ガイドブックの一部を修学旅行中の児童生徒に配布するために宿泊施設でコピーする。

〈教員研修〉
8. 新聞に掲載されている写真と記事をコピーした研修資料を指導主事が印刷して、教育センター主催の研修で配布する。
　※1　教科書は利用している地域や学校（学科・コース別の場合もあり）で採択され児童・生徒全員が所有している教科書を示します。採択されていない教科書は、一般の書籍等と同じ扱いになります。

■公衆送信■
〈リアルタイム遠隔合同授業〉

1. 板書したエッセイの小部分を、インターネットを使った2校の遠隔合同授業で同時中継（送信）し、大型画面に表示する。
2. 1.において配布する資料を授業中に送信する。
3. 対面授業の様子を、インターネットを使って、生徒の自宅に同時送信する。
4. 修学旅行の事前学習として、修学旅行先の現地の学校と、新聞記事や写真、テレビ番組の映像等を用いながらネットミーティングシステムでリアルタイムの遠隔交流授業を行う。

B) 許諾不要で利用できるが、補償金の支払いが必要だと考えられる例

■公衆送信■
〈公衆送信（教室内学習）〉
1. 教科書※1に掲載されているスキット（寸劇）を、教師が肉声で録音し、児童・生徒のみがアクセス可能なクラウド・サーバ（以下同じ）にアップロードする。
2. 教科書等の出版物から図版や文章を抜き出してプレゼンテーションソフトにまとめ、対面での授業中にクラウド・サーバを通じて児童のタブレット端末に送信する。
3. 全国各地での取り組みを紹介した複数の新聞記事をプレゼンテーションソフトにまとめてクラウド・サーバにアップロードする。
4. 授業で利用する教科書や新聞記事などの著作物を用いた教材を学習できるようにクラウド・サーバにアップロードする。

〈オンデマンド型公衆送信（教室外学習）※2〉
5. 反転授業のための予習（事前学習）の資料として、教科書の著作物や絵画、写真などをクラウド・サーバにアップロードする。
6. 修学旅行で訪ねる文化施設についての説明の必要な部分をタブレットPCから参照できるようにするため、クラウド・サーバにアップロードする。
7. 教員が教科書を使った授業動画を収録し、クラスの児童生徒のみがアクセスして視聴できるような方式で配信する。

〈リアルタイム・スタジオ型公衆送信（教室外学習）※3〉
8. 幼稚園や保育所で、普段対面で行っている絵本の読みきかせを、臨時休園中に、同じ教員と幼児間の在宅オンライン授業として行う。
9. 児童生徒がいない場の教員が、自宅等にいる児童生徒とネットミーティングシステムを使い、写真や教科書等の文章、新聞記事やウェブページ等を使ったオンライン授業を行う。
10. DVDに録画したテレビ番組を授業に必要な範囲で、教員のパソコンで再生し、生徒のタブレット端末へストリーミング配信する。
11. 在宅の幼児に音楽に合わせて踊る踊りを教えるためにインターネットを用いて楽曲の全部をストリーミング配信する。

    ※2　オンデマンド型とは、学習者の注文（要求）に応じて学習資源を提供する方法。
    ※3　リアルタイム・スタジオ型とは、教員の面前に児童生徒がいない場所から児童生徒の自宅などに学習資源（映像・音声等）をリアルタイムで配信するオンライン授業の態様。

C) 著作権者の許諾が必要だと考えられる例

（必要と認められる限度を超える、著作権者の利益を不当に害する等）

■複製■

1. 教員が日本各地の祭りを撮影した写真集の中から写真を数十枚選んで紙にカラーコピーして簡易製本し、社会科の授業で複数年にわたって使える教材にする。
2. 教員が算数のドリルを児童には購入させず、学校や教員が持っている算数ドリルの中から児童に配付するために問題を紙にコピーする。
3. 小説の一部を授業の都度、生徒に配付するために紙にコピーした結果、学期末には小説の多くの部分をコピーする。
4. 授業に必要な範囲を超えて映像や音楽の全編をコンピュータに保存する。

■公衆送信■

1. 教員が同一の画集の中から多くの作品を選んでスキャンして電子ファイルにしてクラウド・サーバにアップロードし、美術の授業で生徒が個々に配備されたタブレットでダウンロードする。
2. 教員が漢字ドリルを児童には購入させず、学校や教員が持っている漢字ドリルをスキャンして、児童に宿題としてメールで送信する。
3. 教員が授業と直接関係ないものも含めて多数の小説をアップロードする。
4. 教員が出版物の一部を、授業の都度、スキャンして生徒に予習の教材として複数回、電子ファイルでメール送信し、その結果、その出版物の多くの部分を送信する。
5. 絵本の読みきかせ動画を、クラウド・サーバにアップロードし、幼児児童生徒が自宅からいつでも視聴できるようにする。
6. 様々な分野に関するTV番組を授業で自由に使えるようにするため、継続的に録画し、クラウド・サーバにアップロードして蓄積し、ライブラリ化しておく。
7. 授業に必要な範囲を超えて、映像や音楽の全編を学校の教員や児童生徒がいつでもダウンロード視聴できるようにしておく。
8. 教師が、紙の教科書の全ページ又は大部分をスキャンし、PDF版デジタル教科書を作成して児童生徒に配信する。
9. 学校のホームページ等に、パスワードをかけずに、教科書等を解説する授業映像を教師がアップロードし、児童生徒以外の誰でも見られる状態にしておく。

　以下、高等教育、社会教育施設及び授業以外での利用の典型例について、今後追記予定。

参考資料

1　授業の過程における利用行為と授業目的公衆送信補償金制度（著作権法第35条）上の取扱いについて（文化庁作成）

授業の過程における利用行為と授業目的公衆送信補償金制度（著作権法第35条）※1上の取扱いについて

		対面授業		スタジオ型授業	オンデマンド授業	遠隔合同授業等 同時中継合同授業	遠隔合同授業等 同時中継遠隔授業
送信側※2	教員	いる		いる	いる	いる	いる
	生徒			いない	いない	いる	いる
受信側	教員			いない	いない（受信側に教師がいる場合もある）	いる	いない
	生徒	いる		いる	いる	いる	いる
著作物の利用形態		複製	公の伝達	公衆送信	公衆送信	公衆送信	公衆送信
教授と受講とのタイミング		同時	同時	同時（or異時）異時：予復習用のメール送信	同時（or異時）異時：予復習用のメール送信	同時※3	同時※3
授業目的公衆送信補償金制度上の取扱い	許諾の要否	許諾不要（35条1項）	許諾不要（35条1項）	許諾不要（35条1項）	許諾不要（35条1項）	許諾不要（35条1項）	許諾不要（35条1項）
	補償金の要否	無償（35条1項）	無償（35条1項）	補償金（35条2項）	補償金（35条2項）	無償（35条3項）	無償（35条3項）

※1：「著作権者の利益を不当に害すること」とならない場合に限定される。
※2：「教育を担任する者」及び「授業を受ける者」が公衆送信等することができる（例：生徒から教員への公衆送信も認められる）。
※3：遠隔合同授業等において、予習・復習のために教材等を送信する場合は、補償金を支払うことで、許諾なく公衆送信することができる。

2　著作権法における権利制限の例

著作権法には、私的な使用目的での複製など、著作権侵害にはあたらないとする事例も定められています（＝著作権者の権利が制限されます）。ただ、そのような事例においても、それぞれの条文により適用の要件が定められており、著作権者の利益を不当に害する場合は認められなかったり、無許諾で利用できても補償金の支払いが必要だったりする場合があります。

私的使用のための複製（第30条）
・個人的又は家庭内もしくは家庭に準ずる閉鎖的な範囲で使用する場合に適用されます。
・一般的に業務上の利用については私的使用に含まれないと考えられます。

図書館等における複製等（第31条）
・公共図書館の他に学校教育法上の大学、高等専門学校、特別法上の教育機関等政令で定める機関の図書館等が行う複製サービス等に適用されます。
・小、中、高の図書室は複製が認められる「図書館等」には含まれません。

引用（第32条）
・教員等又は履修者等の論文、レポート等の作成に当たって、他人の著作物を利用する場合等に適用されます。（32条1項）
・明瞭区分性、主従関係等の要件が必要とされています（パロディー事件〈S55.3.28 最高裁判決〉）。また近時、引用の要件である「公正な慣行」や「引用の目的上正当な範囲」に該当するかどうかを様々な事情を総合的に考慮して判断するという考えに基づく判例もあります。（絵画鑑定書事件〈H22.10.31 知財高裁判決〉）
・論文、レポート等の作成以外にも教材の作成や授業のやり方によっては引用の規定が適用される場合があります。
・周知目的の公的機関名義の広報資料、調査統計資料、報告書等を説明の材料として刊行物に転載する場合に適用があります。（第32条2項）

教科用図書代替教材への掲載等（第33条2）
・教科用図書に掲載された著作物は、学校教育の必要上で認められる限度において、デジタル教科書に掲載することができます。
・掲載にあたっては、教科用図書の発行者への通知と、著作権者への補償金の支払いが必要です。

試験問題としての複製等（第36条）
・入試問題、定期試験等の問題を作成し、利用する場合に適用があります。（第36条1項）
・紙媒体を用いた試験だけでなく、インターネット（公衆送信）を用いた試験も対象となります。

視覚障害者等のための複製等（第37条）
・公表された著作物を点字データ化し、その点字データを公衆送信することができます。
・公表された著作物を点字データ以外の視覚障害者等が利用するために必要な方式（録音図書、拡大図書、デイジー図書など）で複製し、公衆送信することができます（主体等について一定の要件があります）。
（※）聴覚障害者等に関しては、別途、第37条の2で規定

営利を目的としない上演等（第38条）
・学校の文化祭での演奏会等、非営利で聴衆・観衆から料金を取らず、出演者に報酬が支払われない等の条件を満たせば利用できます。
・公衆送信は含まれません。

公開の美術の著作物等の利用（第46条）
・彫刻など美術の著作物で、屋外に恒常的に設置されているものはパンフレットなどに利用できます。
・彫刻など著作物の複製を作るには、別に許諾を取る必要があります。

複製権の制限により作成された複製物の譲渡（第47条の7）
・著作権法35条等の複製権の権利制限規定によって無許諾で作成された複製物は、著作権者の許諾を得ることなく公衆に提供することができます。

目的外使用（第49条）
・権利制限規定によって作成された複製物を、それぞれの規定で認められた作成の目的とは別の目的で配布したり、公衆に提示したりするには、別に許諾を取る必要があります。

SARTRAS のライセンスについて

　SARTRAS は、文化審議会著作権分科会報告書（平成 29 年度）が示す方向性の実現に向け、本協会がワンストップの窓口になるライセンス環境を整備すべく、著作権等管理事業法に基づき、著作権等管理事業者としての登録申請を行い、令和 2 年 9 月 7 日、登録を受けました。以後、検討したライセンスの内容について、著作権管理団体等と具体的な委託に関しての交渉を行い、ライセンス体制を整えるべく準備を進めております。

　SARTRAS が窓口になって行うライセンス（以下「SARTRAS ライセンス」という。）は、補償金制度を補完し、教育関係者が一般的な利用状況において、十分な基礎的利用環境を提供することを目的としています。言い換えれば、補償金制度と SARTRAS ライセンスとは一体となって、ICT 活用教育を進める上で利用者にとって不安のない著作物等の利用環境の提供を目指している、ということになります。

　もちろん、多様な教育の様態において、個別の許諾が必要とされる場合もあると考えられるので、そのようなライセンス体制については、著作権管理団体による実現に協力することとなります。

　現在 SARTRAS ライセンスの許諾の 対象とするものとして検討している具体的な内容は、以下に記載したものであり、これらの利用に対し、著作物等を公衆送信（送信可能化を含む。）し、受信装置を用いて伝達し、複製し、又は当該複製物を譲渡する利用（以下「複製・公衆送信利用等」という。）をワンストップで許諾できるようにすることが検討されています。

　さらに、同報告書にある「権利制限の境界で「切れ目」なく著作物の利用が行える環境を整え、教育現場の著作物利用ニーズに応えていく」べく、可能な範囲から SARTRAS ライセンスに取り入れられるよう、検討が重ねられることとなっています。

|許諾の対象となる著作物等|

　著作権者又は著作隣接権者の団体又は著作権等管理事業者から、本協会が教育機関等の利用について管理の委託又は再委託を受けた著作物等

|許諾の対象となる利用の範囲|

　教育機関等において、以下の各項に規定される利用と著作物等の範囲において行われる教育に係る著作物等利用（以下「教育目的利用」という。）のうち、著作物等を公衆送信（送信可能化を含む。）し、受信装置を用いて伝達し、複製し、又は当該複製物を譲渡する以下の各号に定める利用（以下「複製・公衆送信利用等」という。）

①初等中等教育を対象とした許諾の対象となる利用
（ア）一の教育機関における教員（法第 35 条第 1 項に定める「教育を担任する者」をいう。以下同じ。）間や一の設置者が設置する複数の教育機関において、教員が授業の過程で利用することを目的として教材等の複製・公衆送信利用等をすること。ただし、一の設置者が設置する複数の教育機関間の複製・公衆送信利用等においては、小学校の教材等は小学校の教員間、中学校の教材等は中学校の教員間など、同じ種類の教育機関の教員間での利用に限る。なお、次に該当するものは除く。

a）当該教材等の複製数又は公衆送信の受信者数が、当該教材等を授業の過程で利用する教員等の数を超える複製・公衆送信利用等

　　b）設置者が作成した教材等の複製・公衆送信利用等

（イ）教育機関において、授業を受ける者（法第35条第1項に定める「授業を受ける者」をいい、以下「履修者等」という。）が当該授業の履修終了後も当該授業の過程において使用に供された教材を継続して利用できるよう、教員が当該教材の複製・公衆送信利用等をすること。ただし、当該教材等の複製数又は公衆送信の受信者数が、当該授業の履修者等の数を超える複製・公衆送信利用等は除く。また、継続して利用できる期間は、当該履修者等の当該教育機関への在学中であり、かつ受託者と当該設置者との間の複製・公衆送信利用等に係る利用許諾契約（以下、「利用許諾契約」という。）の有効期間内に限る。

（ウ）保護者会等在学中の履修者等の保護者向け資料として教育目的利用するために、教職員が当該資料の複製・公衆送信利用等をすること。 ただし、当該資料の複製数又は公衆送信の受信者数が、当該保護者会等に参加する資格を有する保護者の数を超える複製・公衆送信利用等は除く。また、複製・公衆送信利用等をする当該資料は、当該保護者会等の会議中に実際に検討又は参照する部分に限る。

（エ）教育機関等の教職員が、教職員会議等それぞれの組織内で実施される会議における教育目的利用のために当該会議で使用する資料の複製・公衆送信利 用等をすること。ただし、当該資料の複製数又は公衆送信の受信者数が、当該教職員会議等に参加する資格を有する者の数を超える複製・公衆送信利用等は除く。また、複製・公衆送信利用等をする当該資料は、当該教職員会議等の会議中に実際に検討又は参照する部分に限る。

（オ）教職員研修（教育機関等の教職員以外の関係者等が対象に含まれているものを除く。）において教育目的利用するために、教職員が当該研修で使用する資料の複製・公衆送信利用等をすること。ただし、当該資料の複製数又は公衆送信の受信者数が、当該教職員研修に参加する資格を有する者及び講師の数を超える複製・公衆送信利用等は除く。また、複製・公衆送信利用等をする当該資料は、当該教職員研修の会議中に実際に検討又は参照する部分に限る。

② 高等教育を対象とした許諾の対象となる利用

（ア）教育機関において、履修者等が当該授業の履修終了後も当該授業の過程において使用に供された教材を継続して利用できるよう、教員が当該教材の複製・公衆送信利用等をすること。ただし、当該教材等の複製数又は公衆送信の受信者数が、当該授業の履修者等の数を超える複製・公衆送信利用等は除く。また、継続して利用できる期間は 、当該履修者等の当該教育機関への在学中であり、かつ利用許諾契約の有効期間内に限る。

（イ）教育機関等の教職員が、教職員会議等それぞれの組織内で実施される会議における教育目的利用のために当該会議で使用する資料の複製・公衆送信利用等をすること。ただし、当該資料の複製数又は公衆送信の受信者数が、当該教職員会議等に参加する資格を有する者の数を超える複製・公衆送信利用等は除く。また、複製・公衆送信利用等をする当該資料は、当該教職員会議等の会議中に実際に検討又は参照する部分に限る。

（ウ）教職員研修（FD、SD として実施される、教育機関の教員その他の職員を対象としたセミナーや情報提供等を含む。教育機関等の教職員以外の関係者等が対象に含まれているものを除く。）において教育目的利用するために、教職員が当該研修で使用する資料の複製・公衆送信利用等をすること。
　　ただし、当該資料の複製数又は公衆送信の受信者数が、当該教職員研修に参加する資格を有する者及び講師の数を超える複製・公衆送信利用等は除く。また、複製・公衆送信利用等をする当該資

料は、当該教職員研修の会議中に実際に検討又は参照する部分に限る。

上の①、②の利用の範囲は、教育機関等における内部利用に限る。なお、その利用に関しては、専ら教育機関設置者又は教育機関向けに販売等されている著作物等や履修者等各自が購入するドリル、ワークブック等の利用、販売されている著作物等の購入の代替となる分量の利用、組織的に素材としての著作物等をサーバへストック（データベース化）する利用、及び、サービスの契約で禁じられている利用（例：公衆送信の禁止など）は除く。

※これらのほかの許諾が必要な利用については、利用する著作物の著作権等を管理する著作権等管理事業者等が個別に窓口となります。

（補足）

SARTRASとしては、ライセンスできる委託レパートリーを明確にし、また、増やすための対応及び関連の対応として、次の項目を中心に進めることを検討しています。

a）SARTRASライセンスの対象となるレパートリーかどうかを教育機関が容易に知ることができるよう、権利管理委託団体等のデータベースへのアクセスを容易とするポータル・サイト開設（SARTRAS WEB内）

b）a）と合わせ、SARTRASライセンスで許諾できる範囲を超える許諾についての情報提供

c）人文系の学会連合会（仮称）の設立を支援し、権利管理を受託

d）SARTRASの社員を構成する団体以外の団体への委託の呼びかけ

e）SARTRASの社員を構成する団体等SARTRASへ管理を再委託する団体が各自で行うレパートリー増加対策（本会のライセンスに限る委託の促進も含む）

f）ADR7機関設置の検討

g）相談窓口の設置

7. Alternative Dispute Resolution の略。 訴訟手続によらない紛争解決方法を広く指すもの。

※改正著作権法第35条運用指針は、「著作物の教育利用に関する関係者フォーラム」（教育著作権フォーラム）により、内容の追加、修正など随時改訂が行われる予定です。最新版をご参照ください。

改正著作権法第35条運用指針（著作物の教育利用に関する関係者フォーラム）
(https://forum.sartras.or.jp/info/005/)

【監修者・編著者・執筆者一覧】

〈監修者〉

藤田 晶子（ふじた　あきこ）

弁護士（藤田総合法律事務所・東京弁護士会）、日本大学大学院法務研究科兼担・法学部准教授、財務省関税局専門委員候補（知的財産）、特許庁・弁理士試験委員、日弁連知的財産センター委員、日本知的財産仲裁センター調停人・仲裁人・判定人候補者（2024年現在）。著書・論文等に『刑事法的アプローチから見る著作権法制の「規範的主体論」』（単著／日本大学知財ジャーナル第15号：2022年）、『商標・意匠・不正競争判例百選【第2版】』（共著／有斐閣／2020年）、『著作権判例百選【第6版】』（共著／有斐閣／2019年）、『著作権法裁判例における規範的主体論』（単著／土肥一史先生古稀記念論文集「知的財産法のモルゲンロート」／中央経済社／2017年）、『著作権法制における間接侵害と差止請求権の法的構成〜「選撮見録事件」原審・控訴審判決の比較と「規範的主体論」の一考察』（単著／「著作権研究」35号（著作権法学会）：有斐閣／2009年）他。

〈編著者〉

西田 光昭（にしだ　みつあき）

柏市教育委員会教育研究専門アドバイザー。文部科学省「次世代の学校・教育現場を見据えた先端技術・教育データの利活用推進事業」、「次世代の校務デジタル化推進実証事業」、「セキュリティポリシーガイドライン検討会」、「初等中等教育段階のSINET活用実証研究事業」、総務省「インターネットトラブル事例集」、内閣府「青少年のインターネット利用環境実体調査」などに関わる。

〈執筆者〉

佐和 伸明（さわ　のぶあき）

千葉県柏市立大津ケ丘第一小学校校長。文部科学省「小学校プログラミング教育の手引」「教育の情報化に関する手引」等の作成に関わる。文部科学省「情報モラル教育推進事業」等の委員を歴任。

高橋 邦夫（たかはし　くにお）

学校法人高橋学園千葉学芸高等学校理事長・校長。理学博士。文部科学省情報教育、文化庁著作権教育、経済産業省情報化人材育成、総務省情報モラル等の専門委員を歴任。全国高等学校長協会理事、JASRAC音楽文化事業有識者委員。

〈旧版監修者・編著者〉

監修者：清水康敬

編著者：中村司・西田光昭・清水俊一

ケース別Q＆A

学校のための著作権マニュアル

2024 年 7 月 23 日　初版第 1 刷発行
2024 年 10 月 11 日　初版第 2 刷発行

監修者　　藤田 晶子
編著者　　西田 光昭
発行者　　伊東 千尋
発行所　　教育出版株式会社

〒135-0063　東京都江東区有明 3-4-10　TFT ビル西館
電話　03-5579-6725　振替　00190-1-107340

本文イラスト・カバーイラスト　Tossan Land
印刷　モリモト印刷
製本　上島製本

ISBN978-4-316-80512-2　C3037